新时期电子信息原理
与技术探索研究

刘天钊　王新泉　著

汕頭大學出版社

图书在版编目（CIP）数据

新时期电子信息原理与技术探索研究 / 刘天钊，王新泉著 . -- 汕头：汕头大学出版社，2023.8
ISBN 978-7-5658-5135-3

Ⅰ . ①新… Ⅱ . ①刘… ②王… Ⅲ . ①电子信息－研究 Ⅳ . ① G203

中国国家版本馆 CIP 数据核字（2023）第 167634 号

新时期电子信息原理与技术探索研究
XINSHIQI DIANZI XINXI YUANLI YU JISHU TANSUO YANJIU

作　　者：	刘天钊　王新泉
责任编辑：	郑舜钦
责任技编：	黄东生
封面设计：	皓　月
出版发行：	汕头大学出版社
	广东省汕头市大学路 243 号汕头大学校园内　邮政编码：515063
电　　话：	0754-82904613
印　　刷：	廊坊市海涛印刷有限公司
开　　本：	710mm×1000mm　1/16
印　　张：	10.25
字　　数：	180 千字
版　　次：	2023 年 8 月第 1 版
印　　次：	2024 年 1 月第 1 次印刷
定　　价：	58.00 元

ISBN 978-7-5658-5135-3

版权所有，翻版必究
如发现印装质量问题，请与承印厂联系退换

前 言 PREFACE

　　随着社会的不断进步和发展，电子信息技术也得到了非常广泛的应用，无论在哪行哪业，电子信息技术都发挥出了它独特的作用。而对于传统行业，电子信息技术的出现，也无异于注入了一股活水，让传统行业有了新的活力。在社会持续发展、经济不断进步的当下，我国电子信息工程近年来的发展十分迅速，在此背景下，各类新兴电子信息工程技术不断涌现，并在推动社会经济发展、提升电子信息工程建设质量中发挥着重要作用。在产业结构多元化的今天，只有对电子信息技术充分掌握，不仅要实现规模化发展，还要推进智能化发展步伐，鼓励个性化发展，才能在未来的道路上有更好的前景。

　　电子信息科学技术是信息科学技术中的主要内容，它代表了当今社会最具潜力的新的生产力。本书属于电子信息原理与技术方面的著作，全书主要介绍了电子信息基础、数字电子技术基础理论、无线通信技术原理、光纤通信技术原理、信号与信息处理技术原理、计算机网络数据通信技术、电子信息技术的应用与发展等。本书在理论研究的基础之上，注重实用性和可操作性，本书内容丰富、系统、全面，为从事电子信息技术的读者提供帮助，为推动中国科学技术的发展贡献自己的力量。

　　本书参考了大量的相关文献资料，借鉴、引用了诸多专家、学者和教师的研究成果，其主要来源已在参考文献中列出，如有个别遗漏，恳请作者谅解并及时和我们联系。本书写作得到很多专家学者的支持和帮助，在此深表谢意。由于能力有限，时间仓促，虽极力丰富本书内容，力求著作的完美无瑕，虽经多次修改，仍难免有不妥与遗漏之处，恳请专家和读者指正。

目 录 CONTENTS

第一章　电子信息基础 ·· 001
　　第一节　信息化社会背景 ·· 001
　　第二节　信息科学技术与研究领域 ·· 003
　　第三节　电子技术的发展 ·· 015

第二章　数字电子技术基础理论 ··· 018
　　第一节　数字电子技术概述 ·· 018
　　第二节　数制与数制间的转换 ··· 020
　　第三节　逻辑代数基础 ·· 024
　　第四节　逻辑函数的化简 ·· 028
　　第五节　逻辑函数表达形式之间的转换 ····································· 032

第三章　无线通信技术原理 ··· 035
　　第一节　无线电波传播基础 ·· 035
　　第二节　无线通信传输技术 ·· 038
　　第三节　无线通信组网技术 ·· 046

第四章　光纤通信技术原理 ··· 054
　　第一节　光纤通信概述 ·· 054
　　第二节　光纤传输原理与特性 ··· 056
　　第三节　有源和无源光器件及子系统 ·· 062
　　第四节　光纤通信系统 ·· 071
　　第五节　光网络技术 ··· 080

第五章　信号与信息处理技术原理 ·· 092
　　第一节　信息处理技术 ·· 092
　　第二节　数字信号及其处理 ·· 094
　　第三节　文本信息处理 ·· 096
　　第四节　语音信号处理 ·· 101

第六章 计算机网络数据通信技术 ·············· 108
第一节 计算机网络概述 ·············· 108
第二节 Internet ·············· 113
第三节 无线互联网和IEEE802.11 ·············· 121
第四节 现代通信技术 ·············· 126

第七章 电子信息技术的应用与发展 ·············· 131
第一节 电子信息技术在电子商务中的应用 ·············· 131
第二节 电子信息技术在医疗中的应用 ·············· 134
第三节 电子信息技术在交通运输中的应用 ·············· 136
第四节 电子信息技术在工业中的应用 ·············· 141
第五节 电子信息技术在农业现代化中的应用 ·············· 145
第六节 电子信息技术发展趋势 ·············· 152

参考文献 ·············· 156

第一章 电子信息基础

第一节 信息化社会背景

一、信息化背景分析

人类科学技术进步的历史可表现在三次"工业革命"。

第一次工业革命发生在18世纪60年代,其标志是蒸汽机的发明和使用,从此人类进入了工业化大生产时代。

第二次工业革命发生在19世纪中期,其标志是电灯(电力)、电话的发明和使用等。从此人类进入了"楼上楼下,电灯电话"的电气化时代。

第三次工业革命开始于20世纪50年代,其标志是电子计算机的发明和应用。从此人类社会开始进入信息化时代。

第三次工业革命相对于前两次的不同之处在于科学技术对生产力的推动作用更加显著、广泛和深入,催生了一批新的产业,如集成电路(微电子)、计算机(电脑)、原子能、光电子、航空航天和生物工程等。此外信息技术可以应用到各工业领域,如电力、交通、石油、煤炭、钢铁、汽车等。由于信息技术对社会和传统产业的深远影响,第三次工业革命又被称为信息化革命。特别是自20世纪90年代以来,信息化革命进程在加速,少数发达国家认为他们已进入了信息化社会,多数国家则把建成信息化社会作为首要发展目标。

信息化依赖于发达的电子信息技术手段:计算机(硬件和软件)是信息处理技术的核心;计算机的核心是集成电路;独立的计算机并不能实现信

息化，必须有互联网的普及应用才能发挥它的作用，使其深入社会管理、教育、医疗等各应用领域；要组成信息网络又必须依赖通信技术，包括有线通信和无线通信。因此，只有实现了信息技术的综合平衡发展才能推动社会的深刻变革，使人类步入信息化社会。

要特别指出的是移动通信技术的发展和普及大大加快了社会信息化的进程，尤其是未来移动通信与互联网的融合和宽带无线接入与互联网的融合，将使人们获取信息、交换信息、生活、工作变得前所未有的方便、快捷。互联网的发展应用将加快社会的信息化进程。科技是第一生产力，信息技术是推动人类社会进入信息化社会的基础动力。

随着中国经济的高速增长，中国信息化有了显著的发展和进步，缩小了与发达国家的距离。中国信息化已走过两个阶段，正向第三阶段迈进。第三阶段定位为新兴社会生产力，主要以物联网和云计算为代表，这两项技术掀起了计算机、通信、信息内容的监测与控制的4C革命，网络功能开始为社会各行业和社会生活提供全面应用。

二、信息化层次分析

（一）产品信息化

产品信息化是信息化的基础，含两层意思：一是产品所含各类信息比重日益增大、物质比重日益降低，产品日益由物质产品的特征向信息产品的特征迈进；二是越来越多的产品中嵌入了智能化元器件，使产品具有越来越强的信息处理功能。

（二）企业信息化

企业信息化是国民经济信息化的基础，指企业在产品的设计、开发、生产、管理、经营等多个环节中广泛利用信息技术，并大力培养信息人才，完善信息服务，加速建设企业信息系统。

（三）产业信息化

指农业、工业、服务业等传统产业广泛利用信息技术，大力开发和利用信息资源，建立各种类型的数据库和网络，实现产业内各种资源、要素的优化与重组，从而实现产业的升级。

（四）国民经济信息化

指在经济大系统内实现统一的信息大流动，使金融、贸易、投资、计划、通关、营销等组成一个信息大系统，使生产、流通、分配、消费等经济的四个环节通过信息进一步联成一个整体。国民经济信息化是各国急需实现的目标。

（五）社会生活信息化

指包括经济、科技、教育、军事、政务、日常生活等在内的整个社会体系采用先进的信息技术，建立各种信息网络，大力开发有关人们日常生活的信息内容，丰富人们的精神生活，拓展人们的活动时空。等社会生活极大程度信息化以后，我们也就进入了信息社会。

第二节　信息科学技术与研究领域

一、信息获取

一切生物都要随时获取外部信息才能生存。人类主要通过眼、耳、鼻等来获取外界信息，并利用大脑对信息进行加工、分析和处理，而后做出反应。在信息技术高度发达的今天，人们可以借助各种信息技术手段来获取各种信息，将所获取的信息通过以计算机为核心的信息处理系统进行综合处理来提高获取信息的准确度和实现信息利用。

人们要获取的信息多种多样，在日常生活中最常见的是语音和图像信息的获取，如：医生要获取病人病情的信息，一个自动控制系统要获取被控制对象物理参数的信息，信息化战争要获取各类军事目标的信息。

（一）语音信息的获取

获取语音信息有多种方法，除了早期留声机采用直接记录声波引起的机械振动的方法之外，现在比较通用的方法将声音转换成电信号，这类可转换信号的转换器统称为拾音器。拾音器实际上是一种声音传感器，如固定电话和移动电话中的送话器、会场扩音系统中的麦克风等。按声波转换成电信号的不同机理，拾音器大致分为两类，一类是采用压电晶体（或者压电陶瓷），另一类是采用动感线圈。压电陶瓷的物理特性：当瓷片受压，则产生电，可通过瓷片两边的金属膜将电信号引出；如果在瓷片两边加交流电压信号，瓷片就产生与交流电压信号频率相同的振动。因而压电陶瓷可以将声波压力变为电信号，又可以在电信号作用下发声。动感线圈的工作原理是线圈切割磁力线而产生电流。这两类拾音器的共同结构是都有一个"纸盆"以感知声波的振动。

（二）图像信息的获取

图像信息的获取应用十分广泛，如照相机、摄像机、视频会议、远程医疗、实时监控、机器人视觉、地球资源遥感等。要获取图像，首先要有摄像头。摄像头分为光电扫描摄像头和半导体CCD电荷耦合器件摄像头两大类。早期用光电摄像管，现在几乎全部采用CCD，其区别在于摄像管中的感光器件。

1. 光电导摄像管的工作原理

光电导摄像管由感光靶面、光学镜头和电子束扫描控制（偏转线圈）系统等组成。外部景物通过光学镜头成像在由光—电转换材料制成的靶面上，光的强弱不同，感光靶面上相应感光点上的电压强度也不同。从左至右扫描一条线，称之为一"行"，扫描完整靶面一次为一"场"，这就是早期电视摄像头的工作原理。扫描的快慢根据应用要求不同而不同，在模拟电视系统中是每秒扫描50场，每场图像扫描625行；如果是资源卫星中的图像遥感，则扫描频率可能慢得多。

顺便说明，彩色图像是由红、绿、蓝3种颜色图像合成的，因而要有红、绿、蓝3个摄像头分别摄像才能合成出彩色图像。

2. CCD半导体摄像工作原理

CCD半导体的摄像头用CCD（Charge Coupled Device）电荷耦合器件代替了光电摄像管的靶面，用DSP（Digital Signal Processing）控制芯片代替光电摄像管中的电子束扫描系统。一个CCD元件构成一个像素点，目前CCD已能制作到1 450万个像素点。DSP芯片也比电子束扫描的控制精度高得多，且消耗功率很小。目前CCD几乎应用到了所有的图像传感器领域。

CCD图像传感器的电荷耦合单元的每一个CCD单元由电荷感应、控制和传递3个小单元构成，电荷的多少由光的强弱决定，各单元的电荷依次按行在控制单元的控制下传递出去，按行、场的规律排列就组成了一幅图像。一个由 648×488 个像素点组成的CCD感光摄像芯片。

我们可以制造出对不同光线敏感的CCD器件作不同用途，如红外成像和微波遥感等。红外成像应用广泛，如医疗、温度检测、夜视仪、工业控制、森林防火等；微波遥感可用于资源卫星、探物、探矿等。

（三）物理参数信息的获取

自动控制中往往需测量被控制对象的物理参数，如位置、温度、压力、张力、变形、流量（液体或气体）、流速等，而这些都是通过传感器实现的。一般传感器都得将被测参数的变化转变成电参数的变化。设计与制造优质传感器的关键是材料。在大学本科相关专业课程中会安排专门课程介绍传感器技术。

（四）军事信息的获取

在信息技术高度发展的今天，战争形态已发展到了以使用信息化武器进行战争为主要特征的新阶段。信息化战争是信息获取、信息传递、信息处理和信息利用的综合信息技术能力及信息化武器的战争，只有获取了信息，才能耳聪目明；只有信息传递顺畅，才能指挥自如；只有及时准确地处理和利用信息，才能运筹帷幄。

现代军事信息获取工具已发展成了一类复杂的信息获取平台，如预警飞机、侦察卫星、雷达网和无人侦察飞机，甚至空天飞机等。按运载装备平台的活动空域可分为地面观测、空中观测、海上观测和航天观测等；按信息获取使用的手段可分为雷达、电视、光学、照相、声呐、微波红外和激光等。军事信息获取已超越了时空和单一手段的局限，构成了一张从空中、地面、海上到水下的多层次、全方位、全天候、全频段、立体化的信息获取网络。电子信息技术是信息化战争和信息化武器的核心。

二、信息传输

信息传输的另一个常用技术名词叫"通信"，它是电子信息科学技术中的一个重要领域。大学本科设有通信工程专业以培养从事信息传输理论与技术的学习和设备的设计与制造的专业人才。顺便说明，"通讯"和"通信"是有区别的，"通讯"一般是指传送模拟语音，是在数字通信普及以前用来泛指电话系统的；在数字技术普及之后，由于语音、图像、文字等都变成了相同的二进制数码，从而可同时在通信系统中传送，因而"通讯"一词如果不是专指语音，就应该用"通信"这一名词来泛指信息传输了。

（一）通信系统类型

划分通信系统类型的方法有很多种，如按信道类型来划分，就可以将通信系统划分为有线通信与无线通信。固定电话、互联网、闭路电视属有线，移动电话、卫星通信、广播电视属无线；光纤传输属有线，大气激光通信属无线等。

无线通信可以在不同的频率下工作。中波广播的频率是535～1 605 kHz，广播电视工作在49～863 MHz，移动通信工作在450～2 300 MHz（在与电视有重叠的频率部分二者须错开，即已分配给电视的频段，移动通信就不能用）；频率不同，无线通信设备的性能指标会不同，各个频段安排的用途也不同。

（二）通信系统中的理论技术

对于通信系统中的理论技术问题已研究了一个多世纪，已建立了较完善的通信系统理论体系，总括起来主要包括：信源编码理论、信道编码理论、调制理论、噪声理论和信号检测理论等。由于理论是在工程实践基础上的知识系统化和认知升华，随着设备实现技术的进步，上述理论也一直在发展，今后还会进一步发展。

编码，是为了更好地表示信息和传送信息。信源编码可以降低数据率；信道编码可以减小差错率，即使是在传输过程中出现了零星差错，信道编码也可以发现并纠正。最简单的可以发现错误的信道编码是传真机采用的"奇一偶校验码"，通过加一位0或者1使信道中传送的每个码字1的个数总是偶数。如果发现接收到的某个码字中1的个数为奇数，则立即判断出这一码字传送中出错了，需要重传。

调制理论主要是研究提高传输效率的方法，相当于在不加宽马路宽度条件下增加车流量。马路的宽窄等效于通信系统的频带宽度，频带宽度的单位是赫兹（Hz），通信效力以每赫兹带宽可传送的数码个数来衡量。好的调制技术可以将通信效力提高数十倍，1 Hz带宽可传送10~20 bit。

信号检测理论是研究如何从噪声中提取信号。有人打了个比方："如果没有噪声，那么，月亮上一个蚊子叫地球上也能听到。"因为可以将信号无限放大。但通信系统中的实际情况是总是存在噪声，而且噪声总是同信号混合在一起无法分开，放大信号的同时噪声也被放大了，这时放大对突显信号毫无意义，只有当信号功率与噪声功率之比大到一定程度时接收机才能正确发现信号。信号检测理论是研究在尽可能低的信噪比情况下能发现信号。这在有的条件下对信息传输至关重要，例如宇宙通信，飞船在遥远的宇宙空间靠太阳能电池供电，不可能让发射信号功率太大，因而到达地球站的功率必然很微弱，使得地球站接收机输入端的信噪比必然很低，而好的信号检测技术可以降低对信噪比的要求。目前较好的信号检测，可以在输入信号功率是噪声功率的约4.1倍时正确接收信号。如信噪比低于这一数值，则需要采用信号处理方法来提高信噪比；而香农信息论计算出的信噪比最低极限值是1.45，但工程实际中的设备无法达到这一极限值。

（三）通信网

当代通信一般都不是单点对单点，而是众多用户同时接入一个网络中，任何一个用户都可以与接入网络的另一个用户通信。如固定电话网、移动通信网和互联网等，同一时刻可能有几万、几十万用户在呼叫对方，武汉的用户甲如何找到北京的用户乙，固定电话网中的用户甲如何找到移动电话网中的用户乙，这涉及网络管理、路由和信息交换等技术，同时还涉及通信网的体制结构、信号结构和通信协议等。固定电话网中的语音数据速率、信号结构与移动通信网中的语音数据速率、信号结构不同，这时要实现跨网通信除要选择路由和进行数据交换之外，还必须进行信号格式和速率的变换。上述提到的技术原理在相关专业的教学计划中有专门课程介绍，有的课程是供同学们选修的。

（四）互联网的拓展

现在互联网已成为全世界信息汇聚的平台，不但通过互联网可以了解当前世界正在发生的新闻，而且通过互联网可以打电话（网络电话、视频电话）、看电视（IPTV）、发邮件（代替传真），同时还可以在网上购物、开视频会议等。网络已经成为人们工作、学习和娱乐的场所，也正成为越来越多人们生活的一部分。不但计算机和各种网络终端可以接入互联网，而且家用电器、交通工具和各种配有网络接入信号端口的物品都可以接入互联网，称之为"物联网"即"物物相连的互联网"，这样就将网络的用户端延伸和扩展到了物品与物品之间。物品接入"物联网"的条件主要有，要有相应信息的接收器、要有数据传输通路、要有一定的智能与信息存储功能、要能被网络唯一识别等。物联网的发展将把社会信息化推向一个新的高度。互联网正在进入下一代统一的、多网融合的"互联网络"，在这个演进过程中，必定会产生新的技术和理论。

三、信息处理及应用

（一）信号处理与信息处理

信号通常是指代表消息的物理量，如电信号、光信号、磁信号等，它们是由消息经变换后得到的。在通信中通常采用的信号有两类，一类是模拟信号，另一类是数字信号。它们由多个参数决定，如信号幅值、频率、持续时间等（光信号同样有这些参数）。信号的每个参数都可以由消息转换而来，如果消息是无失真变换成信号，不论是模拟信号还是数字信号，这时消息中的信息就转移到了信号中，因而此时的信号序列已经含有信息，这一信号序列已成为信息的载体。除了人脑可以直接对信息进行加工处理之外，机器只能通过对载有信息的信号序列的处理才能实现对信息的处理。

1. 信号处理

信号处理是针对信号中的某一参数所进行的处理，如编码、滤波、插值、去噪和变换等。在处理过程中系统并未考虑信号参数所代表的信息含义，因此信号处理的系统模型可表示为信号参数→信号参数，即输入的是信号参数，输出的仍然是信号参数，它无法感知信号参数所代表的信息内容和信号处理后的效果。例如，手机在传送语音时，首先获取的是模拟语音波形，而后将模拟波形变成数字信号，接着将数字信号每20 ms切割为一段，而后分析这20 ms的语音波形参数，再接着是将这一组波形参数再编码为新的数字信号。在上述这些处理过程中,系统机械地根据信号进行操作,从一组参数变成了另一组参数,丝毫也未顾及信号中的信息,即使是在分割信号流时正好是将语音的一个音节切成两半,它也照切不误,因而手机对语音所进行的上述处理是属于信号处理。信号处理的目的和设计要求并非服从或者服务于信息本身。上述手机对语音所进行的处理就是服从于通信系统对语音数据速率的限制,因而它不惜损伤语音信息本身。

2. 信息处理

信息处理有两种模型,一种是信号——信息,另一种是信息——信息。信息处理往往要通过对信号中代表信息的相应信号参数的处理来实现。信息处理与信号处理的区别主要是引入了对信号参数的理解。因而对信号参数的处理目的是服从于信息本身,如要求图像清晰度高、品质好等。信息处理主要包括:信息参数提取、增强、信息分类与识别等。信息处理模块的设计与评价是以其输出信息的指标作为依据。

数字电视属第一类信息处理,它输入信号,输出图像。在数字电视机中对信号进行的处理都是为了获得好的图像质量。语言翻译机属第二类信息处理,系统中对语音信号进行的处理,如编码、语音参数提取、语音识别、语义分析、语音合成等,都是以语音信息的质量指标为前提。因而信息处理的输出是信息(即语音、文字和图像),信息处理系统中对信号进行处理的目的是获得所需要的信息参量指标,这和信号处理中的"信号—信号"模型是不同的。

(二)汉字识别

汉字识别分为印刷体汉字识别和手写体汉字识别。印刷体汉字识别已成熟,困难的是手写体汉字识别,因为各人的写字风格不同,行草程度不同。自20世纪90年代开始,我国863计划组织了对手写体汉字识别的研究,并取得巨大进展。

手写体汉字识别又分为联机手写体汉字识别和脱机手写体汉字识别。所谓联机手写体汉字识别是利用与识别系统(专用计算机或者专用汉字识别器等)相连的专用输入设备(如写字板、光笔等)写入单个汉字,待机器识别该汉字后再输入下一个汉字。这一技术已较成熟,大部分手机都有该项功能，使得用手机发短信十分方便。所谓脱机手写体汉字识别是将文件、单据上的手写体汉字以照片或者扫描的方式输入识别系统，由系统完成对汉字的识别。在脱机手写体汉字识别系统中又分为特定人和非特定人。非特定人手写体汉字识别是最困难的。然而经过持续多年研究，当前该项技术也已接近实用程度，系统的正确识别率可达95%以上，采用一般个人计算机识别速度可达2~5个汉字/秒。

（三）语音信息处理

语音信息处理包括语音识别与语音合成两方面。语音信息处理技术研究已取得惊人进展，已有成熟的语音识别与语音合成芯片，不但在机器人中采用，而且已应用在智能玩具中，制造出了能听懂人说话和能说话的玩具，预计市场前景广阔。与此同时，语音研究的条件也越来越好，在个人电脑的最新操作系统中，有的操作系统嵌入了供研究人员通过API访问的语音平台，人们可以利用这一平台来研究语音信息，同时该平台还为计算机提供语音电话和语音命令等功能。

1. 语音识别

语音识别的第一步是将模拟语音波形数字化；第二步是从数字语音信号中提取语音参数，在这一步中要采用多种数字语音信号处理技术，如线性预测系数（LPC）分析、全极点数字滤波、离散傅里叶变换或反变换、求倒谱系数等，在学完了大学本科"高等数学"和"数字信号处理"两门课程后就可以理解上述名词的含义了；第三步是建立语音的声学模型和语音模型；第四步是根据语音参数搜索和匹配语音模型与声学模型，最后识别出语音。其中还有很多技术细节需要考虑，由于汉语有很多同音字，因此需要利用语义分析、"联想"等人工智能策略来理解语音、语义。但技术发展的潜力是无限的，当前语音识别所达到的水平在几年前是想象不到的，今后还将进一步发展。

2. 语音合成

如果语音识别是将语音通过数字语音处理变为文本文件，那么可以说语音合成是语音识别的逆过程，是将文本文件转换成语音，这就不难理解语音合成的原理了。采用语音合成技术可以制造出能朗读书刊、报纸的机器。

（四）图像信息处理及应用

语音信号是一维时间函数，而图像是二维的；语音信号的处理只是对数字序列进行运算，图像信号的处理是对一个平面的数据（矩阵）进行运算，而图像信号处理的运算量比语音要大得多。图像信息处理的内容很多，包括图像去噪、增强、变换、边沿提取及图像分割、图像识别和图像理解等。图像信息处理应用十分广泛，可以说无处不在，下面仅简要介绍几个主要应用领域，如视频通信、医疗、遥感、工业交通、机器人视觉、军事公安和虚拟现实等。

1．视频通信

常见的数字视频通信设备，如可视电话、会议电视、远程教学、卫星电视、数字电视、高清晰度电视等，都离不开图像信息处理中的多项技术：获取图像、压缩编码、调制传输、图像重建和显示等。

2．医疗

图像处理在医学界的应用也非常广泛，无论是临床诊断还是病理研究都大量采用图像处理和图像分析技术，如X射线层析摄影（CT）、核磁共振（MRI）、超声成像、血管造影、细胞和染色体自动分类等；在癌细胞自动识别中，需要测定面积、形状、总光密度、胞核结构等定量特征。可以说在现代医疗诊断中，获取、分析和处理人体某些组织的图像已成为不可缺少的手段。

3．遥感

卫星遥感和航空测量的图像需要进行图像校正来消除对卫星或飞机的姿态、运动、时间和气候条件等的影响，同时需要通过分析和处理才能从遥感图像中获取资源普查、矿藏勘探、耕地保护、国土规划、灾害调查、农作物估产、气象预报以及军事目标监视的信息。遥感是获取上述信息最快捷、最经济的手段。

4．工业交通

在生产线上对产品及部件进行无损检测是图像处理技术的另一个重要应用领域。该领域自20世纪70年代以来已得到了迅速的发展，推进了生产过程的自动化、信息化。在交通方面，利用车辆的动态视频或静态图像进行牌照号码、牌照颜色自动识别的技术从而实现交通运输信息化，方便监视车辆违章，实现不停车收费，同时还可用于汽车自动驾驶等。

5. 军事公安

军事目标的侦查、制导和警戒系统、自动灭火器的控制及反伪装等都需要用到图像处理技术；公安部门的现场照片、指纹、虹膜、面部、手迹、印章等的处理和辨识也要借助图像处理。

生物识别技术中以指纹识别的使用最为广泛。指纹识别已不只是使用光学探测，已经进步到使用电场和静电探测手指的真实性，能有效地防止伪造、冒用、非活体的手指。自动指纹识别系统作为一种比较理想的安全认证技术，在门禁控制、信息保密、远端认证等领域已得到广泛应用。指纹识别前，须对采集得到的指纹图像进行预处理，使指纹图像画面清晰、边缘明显，以增强指纹识别的正确性。

6. 机器视觉

机器视觉作为智能机器人的重要感觉器官，主要进行三维景物理解和识别。机器视觉可用于军事侦查、危险环境的自主机器人，邮政、医院和家庭服务的智能机器人，装配线工件识别、定位，太空机器人的自动操作等。

7. 虚拟现实

虚拟现实简称VR，它通过整合图像、声音、动画等，将三维的现实环境、物体等用二维或者三维的信号形式重构、合成和表现，给人以亲临其境之感。虚拟现实的重要应用领域是军事演习、飞行员培训等。虚拟漫游技术是虚拟现实技术的重要分支。

四、信息存储

信息存储在信息学科领域应划入计算机科学的范畴。下面介绍几种应用最广的信息存储器件：磁存储、光存储和半导体存储。

（一）磁存储

磁存储的主要设备是硬盘，它是计算机的外部设备。计算机将数据通过磁头变成磁信号刻录在硬盘磁体上，记录在硬盘上的数据可以擦洗后重写。硬盘的尺寸有多种规格，最小的硬盘直径只有1.3英寸（1英寸=2.54cm），可以直接插在摄像机内作为数字图像的大容量存储器。

单个硬盘的容量在不断增加。计算机中的硬盘容量已可达1 000 GB，硬盘尺寸不同，容量大小也不同。存取数据的速度决定了硬盘的转速，数据存取的速度越快，转速越高，因而高转速硬盘比低转速的硬盘好。一般硬盘的转速是5200r/min或者7400r/min。

（二）光存储

光存储是计算机将数据通过激光头记录在CD（Compact Disc）盘片上。有一次写入型CD盘片和多次擦写型CD盘片两种。不同盘片性能差别较大，较好的蓝光DVD盘片可保存数据70年，一张DVD盘片上可存入的数据量是4.7～8.3 GB。随着信息技术的发展，要求信息存储技术向高密度、高数据传输速率和大容量方向发展。光存储在大信息容量存储方面相对于磁存储和半导体存储有突出优势，在高清影视节目、大容量文档永久保存，海量数据存储及今后的三维影视节目播放中占据着关键的地位。通过缩短激光波长和增大光学头的数值孔径，现在的蓝光光盘容量已经达到25～27 GB，然而下一代光盘的容量可能达到100 GB以上。

（三）半导体移动存储器

半导体移动存储器也称为闪存，闪存是可擦写存储器EEPROM的一种，配上不同的接口电路就得到了不同形式的产品。USB移动存储器是闪存配上USB（Universal Serial Bus——通用串行总线）接口，USB闪存的最大容量已达16 GB；配上9针接口电路的称为SD卡，SD卡的外形固定为24 mm×32 mm×2.1 mm，和USB相比存取速度更快，SD卡已有32 GB的产品。此外还有记忆棒和CF卡等。

目前USB使用最广，其次是SD卡，它们已取代计算机的软盘，成为使用极广的一种移动存储器。记忆棒、CF卡通常使用在其他一些电子设备中，如照相机等。

（四）21世纪新一代存储器——纳米存储器、激光量子存储器

正在发展中的纳米存储器的存储单元尺寸在纳米级水平，因而采用纳米存储技术，将实现在相同几何单元内的信息存储容量提高100万倍。举一个形象的例子：一个大型图书馆中的所有资料，可以轻松地存放到一个不到2mm^2

的纳米存储器单元内。正在研究的纳米存储器有多种，它们有不同的名称，如分子存储器、全息存储器、纳米管RAM、微设备存储、聚合体存储等，预计纳米存储器终将成为下一代存储器的新兴产业。

激光量子存储是通过阻断和控制激光来操控晶体中的原子，可以高效率和高精准度地使激光量子特性被存储、操控和忆起。采用激光量子技术可进一步研制出超快速的量子计算机，同时该技术还可以使通信绝对安全，使破译、窃听成为不可能的事情。

五、信息应用

（一）自动控制系统中的信息利用

自动化与控制科学的研究重点是利用信息实施控制。一个控制系统必须获取信息、处理信息、传送信息和执行对被控制对象按预定目标进行某种操作，并获取操作后的系统行为信息。因而现代自动控制系统涵盖了信息科学的全部。自动控制系统可以是电的，也可以是纯机械的，但是一个复杂的控制系统，如自动化制造、自动化管理、自动化运行等往往都必须同计算机、通信相结合，因而它通常是一个复杂的电系统。

自动控制系统也可以是开环的，但性能比闭环获取信息系统差。闭环控制系统有一系列的理论问题要研究解决，如稳定性、系统响应速度和控制精度等。要研究解决这些问题又必须研究系统建模（数学模型），并寻求最优的控制方法，从而构成了当代控制科学与工程的科学理论体系。

（二）信息检索

信息检索是信息利用的另一形式，其含义是将信息按一定方式组织和存储起来，并根据用户的需要查找出所需要的信息内容。信息化社会即信息网络化社会，社会各方面的信息都汇聚到网络中，只有在网络具备良好信息检索功能的条件下，信息才能发挥作用，社会才能共享网络资源。信息检索不但是技术人员和科研人员学习、工作的工具，也是工、农、商、学、兵等各行各业人员从事业务活动之必需。学会如何在浩如烟海的互联网中找到有用的信息资源至关重要，它能帮助个人、企业创造财富。信息检索技术的发展将对促进社会各个方面的进步产生越来越深远的影响。

信息检索包含两方面：一是信息的组织、结构和标识；二是检索系统。无论是何种内容的信息检索都要通过检索系统来进行，一个检索系统通常由检索文档、系统规则和检索设备（计算机、网络等）构成。网络信息资源是指网络上可以利用的信息资源的总和。网络信息资源的庞大、繁杂、多样，使得人们对网络信息资源的类型有着不同的划分方式，了解划分方式将有利于信息查找。

第三节 电子技术的发展

一、电与电子管

人们很早就知道摩擦生电的自然现象，这最早可追溯到公元前。在丹麦科学家奥斯特（Oersted）发现了电流的磁效应之后，法国科学家安培（Ampere）对电流和磁场之间的关系做了进一步的研究，发现了磁针转动方向和电流方向之间的关系。随之，英国科学家法拉第（Faraday）发现了电和磁的相互感应现象，并奠定了发电机的理论基础，这可以说是19世纪最重要的发明。有了发电机，有了电，才能有19世纪60年代前后的众多发明，如电灯、电报、电话及多种电动工具，才能在20世纪初产生电子技术。

电子技术是从电子管开始的。爱迪生（Edison）在寻找白炽灯中的灯丝材料时，发现了受热灯丝的附近存在热电子。英国电气工程师弗莱明（Fleming）发现：如果在灯泡里装上碳丝（称阴极）和铜板（称阳极或者屏极），则灯泡里的电子可实现从阴极到阳极的单向流动。弗莱明制成了在灯泡中装有阴极和屏极的世界上第一只电真空二极管（简称真空二极管）。真空二极管可以对交流电进行整流，使交流电变成直流电，或者称之为检波，即控制电流朝一个方向流动。真空二极管的功能是有限的，还不足以对电子技术的发展产生重大影响，标志着跨入电子技术时代大门的发明是电真空三极管（简称真空三极管）。

为了提高真空二极管的性能，德·弗雷斯特（De Forster）在真空二极管内插入一个栅栏式的金属网，发现这个栅网能十分有效地控制二极管中由阴极向屏极流动的电子数量,只要在栅网上加一个十分微弱的电流,就可以在屏极上得到比栅极电流大得多的电流,而且屏极上的电流波形和栅极上的电流波形完全一致,这就是三极管对信号的放大作用。电真空三极管的发明使信息技术从此跨入了电子时代。此后的无线电、收音机、电视机的发明都是基于三极管对信号的放大原理才能制造出来的。在半导体三极管发明之前,真空二极管、三极管及其改进产品在电子技术领域统治了五十余年。

在真空电子管原理基础上,还发展出了众多其他的电真空器件,如电视机的显像管CRT(Cathode Ray Tube),示波器用的阴极射线示波管、摄像机用的真空摄像管等。目前显像管、示波管正在被液晶等离子显示器所取代,摄像管已被CCD半导体器件所取代,但电真空器件在有些设备中仍有应用,如家用微波炉中的磁控管和某些大功率高频发射机中的大功率发射管等。

二、半导体器件

半导体晶体管的发明开创了电子科学技术的新时代。半导体是一种介于金属和非金属之间的材料,以锗和硅为代表。美国贝尔实验室的三位科学家巴丁(Badin)、布拉坦(Brattain)和肖克利(Shockley)在研究锗和硅的物理性质时,意外发现在一定性质的锗晶体物理结构条件下,锗晶体对信号有放大作用,随后他们制造出了世界上第一只点接触型锗晶体三极管,因而肖克利被称为晶体管之父。晶体管体积小、电量省,此后晶体管迅速取代电子管成为各类电子设备的主流器件。由于这一了不起的电子技术成就,肖克利、巴丁和布拉坦三人共同获得了诺贝尔物理学奖。要理解晶体管的工作原理和材料特性需要有"量子物理学"的基础知识。此外,在大学本科的"电子技术基础"课程中将会对晶体管的工作原理和电路进行详细介绍。结型晶体管生产工艺复杂,由于CMOS场效应管方便用平面工艺大规模生产,因而晶体管和集成电路多采用CMOS电路,其原理与结型晶体管有些不同。

三、集成电路

晶体管的体积虽然比电子管小很多,但它还是不够小,一万只晶体管制成的电子设备仍然不能放在手掌心上。继电子管、晶体管之后,电子器件的第三次革命是集成电路。

集成电路以一块芯片上集成数字电路中一种最简单的"门电路"的个数来区分集成电路的规模，称10万以上的为超大规模（VLSI，very large scale integration）。电路之间的连线宽度已小于1 pm，可达0.1//m甚至更低，已接近物理最小极限了。在这种极限尺寸条件下，一块芯片上的电路单元个数约为10亿。元件多了，芯片内的散热成了大问题。生产制造集成电路设备的精度、复杂性也就更高，组织全国力量进行集成电路生产制造成套系统设备的攻关是我国当前面临的重要任务。

目前VSLI芯片的技术已进入片上系统，即SaC（System A Chipe）时代，即把一个电子系统集成在一块集成电路芯片上，这不但可以减小设备体积，还能提高设备可靠性和大大提高电子产品的生产效率，降低成本，在学科上也促进了微电子和信息系统整机产业的融合。集成电路已不再是电路，而是系统，由几片集成电路相连即构成了一台整机。生产集成电路的公司已不再只生产集成电路，他们在生产集成电路的同时还提供整机解决方案，整机厂家所做的工作仅仅是外形设计和配套一些功能软件，产品质量主要是由集成电路芯片决定的。这是当前电子信息产业的新特征。这一特征将促进产业的调整，促进学科分工的调整，同时也将促进大学专业设置、课程设置和教学计划的调整。

四、世纪电子新器件——纳米电子器件

纳米电子学和纳米器件将是微电子器件的下一次革命，纳米电子器件的功能将远远超出人们的预期，它将给人类信息科学技术的发展带来新的变革。随着固体器件尺寸变小，达到纳米（10^{-9} m=1 nm）级尺寸，其中受限电子会呈现量子力学波动效应，使器件出现用经典力学无法解释的特性，而众多特性在信息电子学看来是十分有用的，从而可以供人们研究与制造新的电子器件，如纳米集成电路、纳米显示器等。

纳米电子学是当今世界电子学发展的大势所趋，全世界的众多科学家正大力开展研究工作并取得了很大进展。

第二章　数字电子技术基础理论

第一节　数字电子技术概述

一、模拟信号与数字信号

通常来说，电子电路中的信号可分为模拟信号和数字信号，电子系统从而可以分为数字系统和模拟系统两大类。模拟信号是时间上和数值上都连续的信号，可以某种方式重复或变化。自然界中大多数可以测量的对象都以模拟信号的形式出现，例如，电压、电流、速度、压力、温度等。模拟信号的共同特点是随时间连续变化，如气温是在一个连续的范围内变化，在给定的一天里，气温不会立刻从20℃上升到30℃，这中间经历了无数个温度值。

数字信号是时间上和幅值上都不连续的信号，电子电路中的数字信号是时有时无。有信号时，其幅值为某特定值；无信号时其幅值很小或接近0。数字信号的变化发生在一系列离散的瞬间，其数值不连续，如电子表的秒信号、生产流水线上记录零件个数的计数信号等。数字信号的表示以0和1为基础，可以用一系列0和1进行编码。

二、数字电路

对模拟信号进行传输和处理的电子线路称为模拟电路，而对数字信号进行传输和处理的电子线路称为数字电路。数字电路在电子计算机、电子测量、仪表、通信、自动控制等各方面的应用很广泛，它具有与模拟电路不同的特点。

（一）数字电路的特点

第一，工作信号是二进制的数字信号，电路上反映低电平和高电平两种状态（即0和1）。

第二，主要研究电路的逻辑功能问题，即输入信号状态和输出信号状态之间的关系。

第三，对组成数字电路的元器件精度要求不高，只要在工作时能够可靠地区分0和1两种状态即可。

第四，半导体器件工作在开关状态，即截止区和饱和区。

第五，主要分析工具是逻辑代数。

（二）数字电路的分类

1. 按集成度分类

分为小规模（SSI，每片数十器件）、中规模（MSI，每片数百器件）、大规模（LSI，每片数千器件）和超大规模（VLSI，每片器件数目大于1万）数字集成电路。

2. 按所用器件制作工艺分类

分为双极型（TTL型）和单极型（MOS型）两类。

3. 按照电路结构和工作原理分类

分为组合逻辑电路和时序逻辑电路两类。前一类没有记忆功能，其输出信号只与当时的输入信号有关，与电路以前的状态无关；后一类具有记忆功能，其输出信号与当时的输入信号和电路以前的状态都有关。

三、数字电子技术的界定与优势

数字电子技术是电子技术下的一个分支，与模拟电子技术相比，数字电子技术的稳定性和抗干扰能力更强在信息传递过程中，模拟信号总要转换成数字信号才能更好地传播。

（一）数字电子技术的界定

数字电子技术包含多种方面的内容，它是集各种集成器件的功能研究、逻辑门电路和时序电路的分析与设计、集成芯片各项功能研究于一体的一门技术学科。近年来，随着经济的发展和人们物质生活水平的提高，人们对于生活的质量要求相对地也更高了,这就给数字电子技术的发展提供了良好的环境。由于数字电子技术本身就是研究集成电路和芯片的,所以越来越多的领域开始使用这一技术。举一个最简单的例子,现在的手机为什么会屏幕越做越大,但机身却越来越薄,其中自然少不了数字电子技术的功劳。

(二)数字电子技术的优势

第一,模拟信号在波形上种类多样,同时波形富有变化。相比之下数字信号的波形显得非常简单,只有低电平和高电平这样两种。

第二,与模拟信号相比,数字型号在信号的接收与信号处理上更加高效。连续的信号组成了模拟信号的波形。模拟信号的这一特性使得其在信号采集阶段和传输中非常容易受到外界的干扰,信息误差极易出现。

第三,模拟信号的采集往往没有较高的精确度,最终造成实验数据的不准确。与模拟信号不同的是,数字信号在波形上单一,只有两种,能很好的保证信号的稳定性,其抗干扰能力是模拟信号不能比拟的。数字信号在很大程度上提高了信号精度,进而增加了实验可靠性。

数字电路具有高稳定性、高可靠性、可编程性、易于设计、经济性等众多优点,其应用越来越广泛。现代电子工程中愈来愈多的模拟信息已被数字信号所取代。例如,视听图像,声音由原来的模拟磁带存储变成现在的光盘存储;交通灯控制器、汽车化油器控制装置由以前的机电控制变成了现在的微处理器控制。

第二节 数制与数制间的转换

一、常用进位计数制

仅用一位数码来表示数时,往往不够用,必须用进位计数的方法组成多位数码。多位数码每一位的构成以及从低位到高位的进位规则称为进位计数制,简称数制,如生活中常用的十进制等,而计算机中常采用二进制、八进制、十六进制等计数制。

数制的基数就是指该进数制中可能用到的数码个数,如十进制的基数是

10。在某一数制的数中，每一位的大小都对应着该位上的数码乘上一个固定的数，这个固定的数就是这一位的权数，权数是一个幂。

（一）十进制

十进制是人们最熟悉、应用最广泛的一种进位计数制。十进制就是以10为基数的计数体制，它采用10个不同的基本数码：0、1、2、3、4、5、6、7、8、9来表示数，故十进制的基数是10。运算规律是逢十进一，即：9+1=10。

一般地，一个有n位整数、m位小数的任意十进制数，总可以写成下面的通式形式

$$D_{10} = \sum_{i=-m}^{n-1} k_i \times 10^i \qquad (2-1)$$

式（2-1）就是十进制数的一般表示形式。其中，10为基数，系数k_i为0~9中的任意一个数字。

由于很难找到一个电路或电子器件，其有10个能被严格区分开的状态来表示十进制数的10个基本数码。所以数字电路系统和计算机中一般直接采用二进制，而不直接采用十进制。

（二）二进制

二进制具有和十进制完全相同的性质。数码为0和1；基数是2；运算规律是逢二进一，即：1+1=10。

一般地，一个有n位整数、m位小数的任意二进制数D_2，总可以写成下面通式形式

$$D_2 = \sum_{i=-m}^{n-1} k_i \times 2^i \qquad (2-2)$$

式（2-2）是二进制数的一般表示式。其中2为基数，系数k_i可取0和1中任意一个数字。

与十进制相比，二进制具有的优点如下：

1. 用二进制设计的数字电路简单可靠，便于实现

二进制数只有0和1两个数码，它的每一位都可以用电子元件来实现，且运算规则简单，数码的传输与存储都非常简单，相应的运算电路也容易

实现。

加法规则：0+0=0，0+1=1，1+0=1，1+1=10

乘法规则：0·0=0，0·1=0，1·0=0，1·1=1

2．二进制的基本运算非常简单。

二进制数最大的缺点是表示一个数时位数太多，书写和记忆都不方便。十进制数虽然可以表示二进制数，但十进制数与二进制数之间的转换较为复杂，一般不被人们采用。因而在数字电路中引入十六进制数来表示二进制数。

（三）十六进制

十六进制有16个基本数码，这16个数码为0～9、A–F；基数是16；运算规律是逢十六进一，即：1+F=10。

一般地，一个有n位整数、m位小数的任意十六进制数D_{16}，可以写成下面通式形式

$$D_{16} = \sum_{i=-m}^{n-1} k_i \times 16^i \tag{2-3}$$

式（2-3）是十六进制数的一般表示式。其中16为基数；系数k_i可取0～9、A–F中的任意一个数字。如十六进制数D8.A可表示为

$$(D8.A)_{16} = 13 \times 16^1 + 8 \times 16^0 + 10 \times 16^{-1} = (216.625)_{10}$$

括号后的下标16表示该数是十六进制数。数（D8.A）16个位的权数分别为16^1、16^0、16^{-1}。十六进制与二进制数之间有简单对应关系，通常采用十六进制数作为二进制数的形式。

（四）八进制

八进制有8个基本数码，即0～7；基数是8；运算规律是逢八进一，即：7+1=10。

一般地，一个有n位整数、m位小数的任意八进制数，可以写成下面通式形式

$$D_8 = \sum_{i=-m}^{n-1} k_i \times 8^i \tag{2-4}$$

式（2-4）是八进制数的一般表示式（也是八进制转为十进制的表达

式）。其中8为基数，系数k_i可取0～7中的任意一个数字。如八进制数207.04可表示为

$$(207.04)_8 = 2×8^2 + 0×8^1 + 7×8^0 + 0×8^{-1} + 4×8^{-2} = (135.0625)_{10}$$

括号后的下标8表示该数是八进制数，数中各位的权数分别为8^2、8^1、8^0、8^{-1}、8^{-2}。

八进制数与二进制数之间也有简单对应关系，也常采用八进制数作为二进制数形式。

二、常用进制数的转换

在不同场合，往往采用不同的计数制，这就常常需要对各种进制数进行转换。又因为不同计数制下的数实质上是同一个对象的不同表示形式，所以它们之间可以互相转换。下面介绍各种进制数之间的相互转换问题。

（一）十进制数与二进制数之间的转换

1. 十进制数转换成二进制数

十进制数转换成二进制数时是把整数部分和小数部分分别用不同方法转换。整数部分采用"除2取余法"，先得到的余数为低位，后得到的余数为高位；小数部分采用"乘2取整法"，先得到的整数为高位，后得到的整数为低位；转换后再合并。

2. 二进制数转换成十进制数

将二进制数按式（2-2）展开，然后将各项数值按十进制数相加便可得到等值的十进制数。

（二）二进制数与十六进制数之间的转换

十六进制数的基数恰好是16=2^4，所以四位二进制数恰好对应一位十六进制数，它们之间的转换很方便。

二进制数转换成十六进制数的方法如下：

对于二进制的整数部分（以小数点为起点），由低位向高位，每4位为一组，若高位不足4位，则在高位添0补足4位，按照每4位二进制数对应于1位十六进制数进行转换；对于二进制小数部分（小数点之后），由高位向低

位，每4位为一组，若低位不足4位，则在低位添0补足4位，按照每4位二进制数对应于1位十六进制数进行转换。

（三）二进制数与八进制数之间的相互转换

由于八进制数的基数是$8=2^3$，3位二进制数对应1位八进制数。因此，二进制数与乃进制数之间的转换和二进制数与十六进制数之间的转换方法完全一样。只需3位二进制懋与1位八进制数对应转换。

二进制数转换为八进制数：将二进制数由小数点开始，整数部分向左，小数部分向右，每3位分成一组，不够3位补零，则每组二进制数便是一位八进制数。

综上所述，二进制数与十进制数、二进制数与十六进制数、二进制数与八进制数之间的转换都非常容易。

同理也可以实现十进制数与八进制数或十六进制数之间的转换。十六进制数或八进制数转换为十进制数时，可以直接应用式（2-3）或式（2-4）完成转换。

第三节 逻辑代数基础

一、逻辑代数的基本概念

（一）逻辑变量

逻辑是指事物的因果关系，或者说条件和结果的关系，这些因果关系可以用逻辑运算来表示，也就是用逻辑代数来描述。逻辑电路是指电路的输入量与输出量之间具有因果关系的电路，逻辑代数为分析和设计逻辑电路提供理论基础。逻辑代数中的变量称为逻辑变量，一般用大写的英文字母A、B、C…来表示。逻辑变量的取值很简单，通常只有两种取值：真和假（或对与错、开与关、导通与截止等），常用逻辑0和逻辑1来表示，0和1并不表示数量的大小，只代表两种对立的逻辑状态。

（二）逻辑函数

可以自由取值的逻辑变量称为逻辑自变量，简称逻辑变量；不能自由取值的逻辑变量称为逻辑因变量，简称逻辑函数。逻辑函数与普通代数中的函数相似，它是随自变量的变化而变化的因变量。因此，如果用自变量和因变量来分别表示一个事件发生的条件和结果，那么，该事件的因果关系就可以用逻辑函数来描述。

逻辑代数就是研究逻辑变量关系与运算规律的科学。数字电路的输入量和输出量一般用高低电平来表示，而高低电平一般采用"1"和"0"来表示。数字电路的输出量与输入量是一种可以用逻辑函数来描述的因果关系，因而数字电路又称为逻辑电路。对于任何一个逻辑电路，其输入逻辑变量A、B、C…的取值确定后，其输出逻辑变量Y的值也就可确定下来。因此，逻辑变量Y是逻辑变量A、B、C…的逻辑函数，记为

$$Y=f(A,B,C\cdots) \qquad (2-5)$$

由此可见，逻辑函数是逻辑电路关系的数学表示，研究逻辑电路问题可以转化为研究逻辑函数问题。

二、逻辑运算

描述数字系统仅用逻辑变量的取值反映系统中元器件的两种状态是不够的，还需描述各元件间的联系，这种相互联系的关系反映到数学上就是运算关系。尽管数字系统逻辑电路种类繁多、功能各异，但其逻辑关系都是由"与""或""非"运算组合而成。这三种基本运算反映了逻辑电路中三种最基本的逻辑关系，其他逻辑运算都是由这三种基本运算实现的。

（一）与运算

在逻辑问题中，若决定某一事件发生的多个条件必须同时具备，事件才能发生，该因果关系称之为与逻辑。逻辑代数中，与逻辑关系用运算来描述。与运算也称为逻辑乘，运算符号为"·"。

（二）或运算

逻辑问题中，若决定某一事件发生的多个条件中，只要有一个或一个以上条件成立，事件便可发生，该因果关系称为或逻辑。逻辑代数中，或逻辑关系用或运算来描述。或运算也称为逻辑加，运算符号为"+"。

（三）非运算

逻辑问题中，若某一事件的发生取决于条件的否定，即是事件与事件发生的条件间构成矛盾，则该因果关系称为非逻辑。逻辑代数中，非逻辑关系用非运算来描述。非运算也称为反运算或逻辑否定，运算符号为"-"。

（四）组合运算

在数字系统的实际问题中可以发现，事物之间的逻辑关系往往比单一的与、或、非逻辑关系复杂得多。它们可以用与、或、非逻辑关系的组合来实现。含有两种或两种以上逻辑运算的逻辑函数称为复合逻辑函数。采用三种基本逻辑关系进行组合，可以得到一些其他逻辑运算。

如与逻辑和非逻辑结合可以得到与非逻辑 $Y = \overline{AB}$ 或逻辑和非逻辑结合可以得到或非逻辑 $Y = \overline{A+B}$；与逻辑、或逻辑和非逻辑组合在一起可以得到与或非逻辑 $Y = \overline{AB+BC}$。

三、逻辑代数的公式和规则

逻辑代数是讨论逻辑关系的一门科学，通常称为布尔代数。早期用于分析开关网络，所以又称为开关代数。随着数字技术的发展，逻辑代数成为逻辑设计的数学基础，在数字电路的分析和设计中得到广泛的应用。理解和掌握这些公式、定律和规则，对于学习数字电子技术十分重要。

（一）逻辑代数的基本公式和规律

1. 逻辑或（加）公式

$$\begin{cases} A+0=A \\ A+1=1 \\ A+A=A \end{cases} \quad (2-6)$$

2. 逻辑与（乘）公式

$$\begin{cases} A \cdot 0 = 0 \\ A \cdot 1 = A \\ A \cdot A = A \end{cases} \quad (2-7)$$

3．逻辑非公式

$$\begin{cases} \overline{\overline{A}} = A \\ A + \overline{A} = 1 \\ A \times \overline{A} = 0 \end{cases} \quad （2-8）$$

4．交换律

$$\begin{cases} A + B = B + A \\ A \cdot B = B \cdot A \end{cases} \quad （2-9）$$

5．结合律

$$\begin{cases} A + B + C = (A + B) + C = A + (B + C) \\ A \cdot B \cdot C = (A \cdot B) \cdot C = A \cdot (B \cdot C) \end{cases} \quad （2-10）$$

6．分配律

$$A(B + C) = A \cdot B + A \cdot C \quad （2-11）$$

（二）逻辑代数运算的基本规则

1．代入规则

任何一个含有变量A的等式，如果将所有出现A的位置都用同一个逻辑函数代替，等式仍然成立，则该规则称为代入规则。

2．反演规则

对于任何一个逻辑表达式Y，如果将表达式中的所有"·"换成"+"，"+"换成"·"，"0"换成"1"，"1"换成"0"，原变量换成反变量，反变量换成原变量，那么所得到的表达式就是函数Y的反函数$\overline{Y}$（或称补函数），则该规则称为反演规则。

3．对偶规则

对于任何一个逻辑表达式Y，如果将表达式中的所有"·"换成"+"，"+"换成"·"，"0"换成"1"，"1"换成"0"，而变量保持不变，则可得到的一个新的函数表达式Y'，Y'称为函Y的对偶函数。这个则称为对偶规则。

对偶规则的意义在于：如果两个函数相等，则它们的对偶函数也相等。利用对偶规则，可以使要证明及要记忆的公式数目减少一半。

第四节　逻辑函数的化简

一、逻辑表达式的类型

一个逻辑函数可以有多种不同的逻辑表达式，每一种逻辑表达式对应着一种逻辑电路。如与表达式、或与表达式、与非与非表达式、或非或非表达式以及与或非表达式等，如$F=AB+\overline{A}C$可以表示为以下8种表达式

（1）与或式：$Y = AB + \overline{A}C$

（2）或与式：$Y = (A+C)(\overline{A}+B)$

（3）与非与非式：$Y = \overline{\overline{(AB)}\cdot\overline{(\overline{A}C)}}$

（4）或非或非式：$Y = \overline{\overline{A+C}+\overline{\overline{A}+B}}$

（5）与或非式：$Y = \overline{\overline{A}C + A\overline{B}}$

（6）与非与式：$Y = \overline{\overline{A}\cdot\overline{C}\cdot\overline{A\cdot\overline{B}}}$

（7）或非或式：$Y = \overline{\overline{A+\overline{B}} + A+\overline{C}}$

（8）或与非式：$Y = \overline{(A+\overline{B})\cdot(A+\overline{C})}$

以上8个逻辑式是同一个逻辑函数不同形式的最简表达式。与或表达式比较容易同其他形式的表达式相互转换，所以在化简逻辑函数时，往往先把它化简成最简的与或表达式。这里的化简一般是要求化为最简的与或表达式。如果实际中需要其他形式的最简表达式，如常用与非逻辑实现各种电路，在最简与或表达式基础上应用德·摩根定理可以方便地把与或表达式变换成与非与非表达式。

最简的与或表达式应具备：

（1）乘积项（即相与项）的数目最少。

（2）在满足乘积项最少的条件下，要求每个乘积项中变量的个数也最少。

用化简后的表达式构成逻辑电路不仅可节省器件，还可以降低成本、提高电路工作的可靠性。

二、逻辑函数的公式化简法

公式化简法的实质就是反复运用逻辑代数的基本公式、定理和规则来消去多余的乘积项和每个乘积项中多余的变量，以获得逻辑函数的最简形式。公式化简法无特定的步骤，化简过程因化简者的熟练程度而不同。公式化简法中经常采用的几种方法如下。

（一）并项法

并项法主要是利用公式 $AB+A\bar{B}=A$、$A+\bar{A}=1$ 实现化简的方法。该公式可以把两个与项合并成为一个与项，并消去一个变量。

（二）吸收法

利用公式 $A+AB=A$ 可将 AB 项吸收掉。如果乘积项是另外一个乘积项的变量，则这另外一个乘积项是多余的。

（三）配项法

利用公式 $A+\bar{A}=1$ 先使逻辑函数增加必要的乘积项，或者利用公式 $A+A=A$ 在函数中增加已有的项，再用并项法、吸收法等化简逻辑函数的方法。

（四）消去法

消去法是根据公式 $A+\bar{A}B=A+B$，消去多余的变量，或利用冗余律 AB+AC+BC=AB+AC，将冗余项消去。

三、卡诺图化简法

公式化简法没有统一规范的方法，对于复杂的逻辑函数化简到最简形式也不太方便。化简过程往往依据个人的经验以及对公式运用的灵活性不同而不同。采用卡诺图化简逻辑函数可以帮助读者直观地写出最简逻辑表达式。

（一）逻辑函数的最小项

1. 最小项的概念及其性质

在 n 个变量的逻辑函数中，若 m 为包含 n 个因子的乘积项，而且每个因子均以原变量或反变量的形式在 m 中出现一次，则称乘积项 m 为该组变量的一个最小项。n 个变量共有 2^n 个不同的组合值，所以有 2^n 个最小项。

3个变量A、B、C可组成8个（即2^3个）最小项：分别$\overline{A}\overline{B}\overline{C}$、$\overline{A}\overline{B}C$、$\overline{A}B\overline{C}$、$\overline{A}BC$、$A\overline{B}\overline{C}$、$A\overline{B}C$、$AB\overline{C}$、$ABC$。

表2-1 个变量最小项的编号

最小项	使最小项为1的变量取值			对应的十进制数	最小项编号
	A	B	C		
$\overline{A}\overline{B}\overline{C}$	0	0	0	0	m_0
$\overline{A}\overline{B}C$	0	0	1	1	m_1
$\overline{A}B\overline{C}$	0	1	0	2	m_2
$\overline{A}BC$	0	1	1	3	m_3
$A\overline{B}\overline{C}$	1	0	0	4	m_4
$A\overline{B}C$	1	0	1	5	m_5
$AB\overline{C}$	1	1	0	6	m_6
ABC	1	1	1	7	m_7

最小项的表示方法：通常用符号m_i来表示最小项。下标i的确定：把最小项中的原变量记为1，反变量记为0，当变量顺序确定后，可以按顺序排列成一个二进制数，则与这个二进制数相对应的十进制数，就是这个最小项的下标i。

3个变量A、B、C的8个最小项可以分别表示为

$$m_0 = \overline{A}\overline{B}\overline{C}、m_1 = \overline{A}\overline{B}C \quad m_2 = \overline{A}B\overline{C} \quad m_3 = \overline{A}BC$$

$$m_4 = A\overline{B}\overline{C}、m_5 = A\overline{B}C、m_6 = AB\overline{C} \quad m_7 = ABC$$

按照这个约定，就得到最小项的编号表，如表2-1所示。

同理，把这A、B、C、D这4个变量的16个最小项记作$m_0 - m_{15}$。

从最小项的概念可知，任意一个最小项，且仅有一个最小项的值为1；任意两个不同最小项的乘积为0；全部最小项的和为1；具有相邻性的两个最小项（两个最小项只有一个因子不同）可合并为一项并消去一对因子。

最小项的相邻性指的是两个最小项中只有一个因子不同，则称这两个最小项具有相邻性。

2. 最小项表达式

设 Y 是 n 个变量组成的"与或"逻辑式，若式中每一个"与"项都是这 n 个变量的一个最小项，则称 Y 为最小项表达式。

3. 最小项表达式求法

任何一个逻辑函数都可以表示成唯一的一组最小项之和。

（二）卡诺图的画法

卡诺图是由表示变量的所有可能取值组合的小方格所构成的图形，实质与真值表一样，都是表示逻辑关系的图形，只是在画卡诺图时有一定规则。

画逻辑函数卡诺图时要注意：

（1）卡诺图是由画在平面上的一些方格组成。

（2）每个方块对应一个最小项，所以方块个数由逻辑变量数来决定。

（3）逻辑上相邻的最小项在卡诺图中几何上也相邻。

（三）用卡诺图表示逻辑函数

由于任意一个逻辑函数都可以表示为若干最小项之和的形式，故可以用卡诺图表示逻辑函数。填写卡诺图的原则是：把逻辑函数所包括的全部最小项在卡诺图对应的方格中填入 1，将其余位置上填入 0 或不填。因此，要把逻辑函数用卡诺图表示，得到逻辑函数的最小项是非常关键的一步。

（四）逻辑函数的卡诺图化简法

逻辑函数的图形化简法是将逻辑函数用卡诺图来表示，利用卡诺图来化简逻辑函数。其基本原理是 2^n 个相邻最小项进行或运算可以消去 n 个变量，利用卡诺图化简逻辑函数并把这一运算直接在卡诺图中完成。

卡诺图画简逻辑函数的步骤如下：

（1）根据逻辑表达式或真值表画出对应的卡诺图。

（2）合并最小项，也就是将卡诺图中标 1（或 0）的相邻方块用虚线圈起来。要求圈起来的相邻最小项只能是个。

（3）由卡诺图写出逻辑函数表达式。将代表每个圈的乘积项相加，根据 $A+\bar{A}=1$ 消去互补变量，根据 $A+A=A$ 写出保留项，即可得到最简与或逻辑表达式。

在利用卡诺图进行逻辑函数化简时，为保证化简结果准确，应注意遵循以下原则：

第一，所谓2n个1相邻划成一个方格群是分别为1个1、2个1、4个1、8个1、16个1等相邻构成方形（或矩形），可以用包围圈将这些1圈起来形成方格群，包括上下、左右、相对达界、四角等各种相邻的情况。

第二，包围圈越大，即方格群中包含的最小项越多，公因子越少，化简结果越简单。

第三，在划包围圈时，最小项可以被重复包围，但每个方格群至少要有一个最小项与其他方格群不重复，以保证该化简项的独立性。

第四，必须把组成函数的全部最小项都圈完，不能漏掉任何一个标1的方格。

第五，方格群的个数越少，则化简后的乘积项就越少。

第五节　逻辑函数表达形式之间的转换

一、逻辑函数的几种表示形式

逻辑分析时，逻辑表达式、真值表、卡诺图、逻辑图和波形图5种逻辑函数的表达形式，只要知道其中一种表示形式，就可以得到其他几种表示形式。

（一）真值表

真值表就是由逻辑变量的所有可能取值组合及其对应的函数值所构成的逻辑关系表格，是一种用表格表示逻辑函数的方法。

真值表的列写方法是：每一个变量均有0、1两种取值，n个变量共有2^n种不同的取值。将这2^n种不同的取值按顺序排列起来，同时在相应位置上填入函数的值，便可得到逻辑函数的真值表。

用真值表表示逻辑函数直观明了，非常适合于直接把实际逻辑问题抽象成为数学问题，不足之处是难以用公式和定理进行运算和变换，变量较多时，列函数真值表较繁琐。因为每一个变量都有0和1两种取值，n个变量就有2^n种不同的取值，其真值表就由2^n行组成。随着变量数目增多，真值表的行数将急剧增加。因此，当变量数目不太多时，用真值表表示逻辑函数才比较方便。

（二）逻辑表达式

逻辑表达式就是由逻辑变量通过与、或、非3种运算符连接起来所构成的式子，它是一种用公式表示逻辑关系的方法。

用逻辑表达式表示逻辑函数的优点在于书写简洁方便，便于利用逻辑代数的公式和定理进行运算和变换，也便于用逻辑图来实现函数关系；其不足之处是当逻辑函数较复杂时，难以直接从变量取值看出函数的值，不够直观。

把上述3个开关控制一盏灯的逻辑关系，但逻辑式可表示为

$$Y = \bar{A}BC + A\bar{B}C + AB\bar{C} + ABC = AB + BC + AC$$

显然，逻辑表达式简洁，便于化简，但逻辑功能不直观。

（三）卡诺图

卡诺图是由表示变量的所有可能取值组合的小方格所构成的图形。卡诺图是真值表中各项的二维排列方式，是真值表的一种变形。在卡诺图中，真值表的每一行用一个小方格来表示。

卡诺图的优点是排列方式比真值表紧凑，且便于对函数进行化简。其不足之处是对于5变量以上的卡诺图，因变量增多，卡诺图变得相当复杂，这时用卡诺图来对函数进行化简也变得相当困难。因此多变量时较少应用。

（四）逻辑图

逻辑图就是由表示逻辑运算的逻辑符号经连接所构成的图形。在数字电路中，用逻辑符号表示基本逻辑单元电路以及由这些基本单元电路组成的部件。因此，用逻辑图表示逻辑函数是一种比较接近工程实际的表示方法。

逻辑图表示逻辑关系的优点是接近实际电路，其不足之处是不能进行运算和变换，所表示的逻辑关系不直观。

（五）时序图

时序图也称为波形图，是由输入变量所有可能取值组合的高、低电平及其对应的输出函数值的高、低电平所构成的图形。波形图可以将输出函数的变化和输入变量的变化之间在时间上的对应关系直观地表示出来。此外，

可以利用示波器对电路的输入、输出波形进行测试、观察，以判断电路的输入、输出是否满足给定的逻辑关系。

时序图的优点是形象直观地表示了变量取值与函数值在时间上的对应关系，实际中便于测量；不足之处是难以进行运算和变换，当变量个数增多时，画图较麻烦。

二、逻辑函数表达形式间的转换

由上面的讨论可知，任何逻辑函数都可以用逻辑函数式、真值表、逻辑符号图、卡诺图、时序图之一来表示。对于同一个逻辑函数，它的几种表示方法可以互相转换，已知一种可以转换出其他几种。

（一）由逻辑图求逻辑函数式和真值表

如果给出逻辑图，可以非常方便地得到对应的逻辑函数式和真值表。只要将逻辑图中每个逻辑符号所表示的逻辑运算依次写出来即可，根据逻辑函数式来列真值表。

（二）由逻辑函数式求真值表和逻辑图

把输入变量取值的所有组合逐一代入函数式中，算出逻辑函数值，然后将输入变量取值与逻辑函数值对应地列入表中就得到逻辑函数的真值表。

用函数式画逻辑图的方法是根据逻辑函数式，按先与后或的运算顺序，用逻辑符号表示，然后正确连接起来就可以画出逻辑图。

第三章 无线通信技术原理

第一节 无线电波传播基础

一、天线基本知识

无线电发射机输出的射频信号,通过馈线(电缆)输送到天线,由天线以电磁波形式辐射出去。电磁波到达接收地点后,由天线接收下来(仅仅接收很小一部分功率),并通过馈线送到无线电接收机。天线的选择(类型、位置)不好,或者天线的参数设置不当,都会直接影响通信质量。

(一)天线方向性

天线的基本功能是把从馈线输入的能量向周围空间辐射出去,辐射的无线电波强度通常随空间方位不同而不同,根据天线辐射强度的空间分布特点可分为无方向性、全向天线和方向性(或定向)天线。无方向性天线指在三维空间不同方位均匀辐射的天线,如理想点源天线的辐射强度在与天线相同距离位置处电波强度处处相同。全向天线指在水平方向上表现为360°均匀辐射,而在垂直方向上允许非均匀辐射的天线。定向天线泛指只在一定空间角度范围内具有强辐射的天线,定向天线的强辐射方向即为天线辐射的波束方向。

天线通过天线的方向图来描述其方向性,方向图描述了在给定的方向并在相同距离处产生相同电波强度条件下,理想点源天线输入端所需功率与给定天线输入端所需功率的比值,通常用分贝表示。

(二)天线增益

如无特别说明,天线增益是指在天线最大辐射方向,相同距离条件处,为产生相同电波强度，理想点源天线辐射所需功率与给定天线辐射所需功率的比值，天线增益通常以dBi表示，表明是相对于理想点源天线的增益。

（三）波瓣宽度

方向图通常具有两个或多个瓣，其中辐射强度最大的瓣称为主瓣，其余的瓣称为副瓣或旁瓣。在主瓣最大辐射方向两侧，辐射强度降低3 dB（功率密度降低一半）的两点间的夹角定义为波瓣宽度（又称波束宽度或主瓣宽度或半功率角）。波瓣宽度越窄，方向性越好，作用距离越远，抗干扰能力越强。

（四）天线的极化

所谓天线的极化，就是指天线辐射时形成的电场强度方向。当电场强度方向垂直于地面时，此电波就称为垂直极化波；当电场强度方向平行于地面时，此电波就称为水平极化波。由于电波的特性，决定了水平极化传播的信号在贴近地面时会在大地表面产生极化电流，极化电流因受大地阻抗影响产生热能而使电场信号迅速衰减，而垂直极化方式则不易产生极化电流，从而避免了能量的大幅衰减，保证了信号的有效传播。

二、电波传播特性

（一）电波的自由空间传播

所谓自由空间是指理想的电磁波传播环境。自由空间传播损耗的实质是能量因电波扩散而损失，其基本特点是接收电平与距离的平方成反比，与频率的平方成反比。

T为发射天线端，R为接收天线端，T和R相距d（单位：km）。若发送端的发射功率为 P_t，采用无方向性天线时距离d处的球面面积为 $4\pi d^2$，因此在接收天线的位置上，每单位面积上的功率为 $\dfrac{P_t}{4\pi d^2}$（W/m^2）。如果接收端用的也是无方向性接收天线，根据天线理论，此天线的有效面积是 $\dfrac{\lambda^2}{4\pi}$。因此接收端功率为

$$P_r = \frac{P_t}{4\pi d^2} \cdot \frac{\lambda^2}{4\pi} = P_t \left(\frac{\lambda}{4\pi d}\right)^2 = P_t \left(\frac{c}{4\pi df}\right)^2 \qquad (3-1)$$

路径损耗为

$$L_s = \frac{P_t}{P_r} = \left(\frac{4\pi d}{\lambda}\right)^2 = \left(\frac{4\pi df}{c}\right)^2 \qquad (3-2)$$

其中，f（单位：GHz）为信号的频率，c为光速，λ为信号波长。自由空间损耗写成分贝值为

$$L_s = 92.4 + 20\lg d + 20\lg f \qquad (3-3)$$

（二）电波传播的几何模型

电波传播的几何模型是分析电波传播特性的基本方法，几何模型多用在传播径数不多的情况，如数字微波信道、移动卫星信道等，其分析是基于电波的直线传播特性及电波的反射、绕射、折射。

（三）电波的多径传播和衰落

除了路径损耗外，电波在传播中，可能受到长期慢衰落和短期快衰落的影响。

1. 电波传播的长期慢衰落

长期慢衰落是由传播路径上的固定障碍物（如建筑物、山丘、树林等）的阴影引起的，因此也称为阴影衰落或大尺度衰落。阴影引起的信号衰落是缓慢的，且衰落速率与工作频率无关，只与周围地形、地物的分布、高度和物体的移动速度有关。

长期衰落一般表示为电波传播距离的平均损耗（dB）加一个正态对数分量，其表达式为

$$L = L_s + X_\sigma \qquad (3-4)$$

其中，L_s是距离因素造成的电波损耗；X_σ是满足正态分布的随机变量，其均值为0，方差为σ^2，移动通信环境中σ^2的典型值为8~10dB。

2. 电波传播的短期性衰落

由于电波具有反射、折射、绕射的特性，因此接收端接收到的电波信号可能是从发送端发送的电波经过反射、折射、绕射的信号的叠加，即接收信号是发送信号经过多种传播途径的叠加信号。此外，反射、折射、绕射物体的位置可能随时间变化，则接收到的多径信号也可能随时间变化，当电波频

率较高时，微小的距离变化导致多径叠加信号强度的快速变化，即接收端接收到的信号具有快速时变特性，这种特性称为短期快衰落或小尺度衰落。无线通信中的电波传播经常受到这种多径时变的影响。

三、链路预算

链路预算是无线通信系统设计中的重要环节，通常链路预算需要根据不同的传播模型得到链路损耗，然后根据接收机的等效噪声估算接收载噪比，最后如果传播中经受衰落，还需要根据信道的衰落特性设计传播损耗的富余量，保证通信系统的中断率符合系统要求。

以同步卫星通信系统的链路预算为例，地球站与同步卫星之间的通信链路可以等效成AWGN信道，发送信号的衰减主要是电波的自由空间损耗，但是由于卫星与地球站之间需要穿透大气层，因此大气现象会带来一定的损耗。

由于卫星到地面的距离很远，电磁波传播的路径很长，电波在传播中受到的衰减很大，因此无论是卫星还是地面站收到的信号都十分微弱，所以卫星通信中噪声的影响是一个很突出的问题。卫星线路计算主要是计算在接收的输入端载波与噪声的功率比。对于模拟制卫星通信系统，载噪比决定了系统输出端的信噪比；对于数字卫星通信系统，载噪比决定了系统输出端的误码率。

第二节　无线通信传输技术

一、调制技术

调制是对信源进行处理，使其变为适合信道传输的信号形式的过程。一般而言，信号源含有直流分量和频率较低的频率分量，称为基带信号。基带信号往往不能直接作为传输信号，因此必须把基带信号转变为一个相对基带频率而言频率非常高的带通信号以适合于信道传输。这个带通信号称为已调信号，基带信号叫作调制信号。因此调制是通过改变高频载波的幅度、相位或者频率，使其随着基带信号幅度的变化而变化来实现的，而解调则是将基带信号从载波中提取出来以便预定的接收者（信宿）处理和理解的过程。

无线通信信道具有如下基本特征：

（1）带宽有限。

（2）干扰和噪声影响大。

（3）存在多径衰落。

在移动通信环境中，移动台的移动使电波传播条件恶化，特别是快衰落的影响使接收场强急剧变化。在选择调制方式时，必须考虑采取抗干扰能力强的调制方式，能适用于快衰落信道，占有较小的带宽以提高频谱利用率，并且带外辐射要小，以减小对邻近波道的干扰。

应用于移动通信的数字调制技术，按信号相位是否连续，可分为相位连续的调制和相位不连续的调制；按信号包络是否恒定，可分为恒定包络和非恒定包络调制。如果采用恒包络调制，功放可工作于线性放大区，它具有较高的功率效率，但会引起大的带外辐射。为了获得高的频谱利用率，可选用多电平调制，但已调波的包络变化大，且要求线性放大，因此会使功率效率降低。无线通信中的调制方式的选择需要根据系统的带宽、速率、功率、信道等方面的情况综合考虑。

在第二代蜂窝移动通信标准中，GSM数字蜂窝移动通信系统采用恒包络方式的高斯滤波最小移频键控（GMSK）调制，实现较高的功率效率，但牺牲了频谱效率。在北美的数字系统和第三代移动通信系统中，大都使用BPSK或QPSK以及多进制PSK或QAM方式，达到了较高的频谱效率。在第四、五代移动通信中，采用了正交频分多路复合调制方式（OFDM），实现了高速带宽下的高频谱效率。

二、抗衰落和抗干扰技术

信道衰落和干扰是无线通信中需要面对的问题，信道的随机衰落造成通信链路的中断，一般采取分集技术对抗信道的随机衰落现象，降低通信的中断率；干扰有来自系统内和系统外的干扰，需要采取相应的措施对抗干扰，常见的抗干扰方法包括扩频技术、自适应均衡技术等。

（一）分集技术

分集技术是用来补偿信道衰落影响的，它通常要通过两个或更多的接收支路来实现。基站和移动台的接收机都可以应用分集技术。由于在任一瞬间，两个非相关的衰落信号同时处于深衰落的概率是极小的，因此合成信号的衰落程度会明显减小。

分集有两重含义：一是分散传输，使接收端能获得多个统计独立的、携带同一信息的衰落信号；二是集中处理，即接收机把收到的多个统计独立的衰落信号进行合并，以降低衰落的影响。

分集的接收合并方式主要有三种：选择性合并、最大比合并和等增益合并。

设分集重数为L，则合并的信号的表示为

$$s(t) = k_1 s_1(t) + k_2 s_2(t) + \cdots + k_L s_L(t) \quad (3\text{-}5)$$

其中 k_i 为加权系数，i=0，1，2，3…，L_0 选择不同的加权系数就形成了不同的合并方法。

1. 选择性合并

选择性合并方法是在多支路（子信道）接收信号中，选择信噪比最高的支路的信号作为输出信号。

2. 最大比合并

每一支路有一个加权（放大器增益），加权的权重依各支路信噪比来分配，信噪比大的支路权重大，信噪比小的支路权重小。

3. 等增益合并

当最大比合并中的加权系数为1时，就是等增益合并。理论分析表明最大比合并的性能最好，其次是等增益合并。分集技术有多种，依信号的传输方式主要可分为两大类：显分集和隐分集。

显分集最通用的分集技术是空间分集，即几个天线被分隔开来，并被连到一个公共的接收系统中。当一个天线未检测到信号时，另一个天线却有可能检测到信号的峰值，而接收机可以随时选择接收到的最佳信号作为输入。其他的显分集技术包括天线极化分集、频率分集和时间分集等。

隐分集主要是指把分集作用隐蔽于传输信号之中（如交织编码、直接序列扩频技术等），在接收端利用信号处理技术实现分集。隐分集只需一副天线来接收信号，因此在数字移动通信系统中得到了广泛的应用。例如，码分多址（CDMA）系统通常使用RAKE接收机，它能够通过时间分集来改善链路性能。

另外根据分集的目的，分集还可分为宏分集和微分集。

宏分集主要用于蜂窝移动通信系统中，也称为多基站分集。这是一种减少慢衰落影响的分集技术，其做法是把多个基站设备放在不同的地理位置和不同的方向上，同时和小区内的一个移动台进行通信，接收机可选择其中一个信号最好的基站进行通信。

微分集是一种减少快衰落的分集技术，根据获得分支的方法不同，可分为空间分集、频率分集、极化分集、场分集、角度分集和时间分集等。常用的分集技术有天线分集技术、时间分集技术、频率隐分集技术和多径分集技术等。

在无线通信系统中，很多都采用两个接收天线，以达到空间分集的效果；采用编码加交织方式实现时间隐分集的作用。在无线数据传输中，采用多种自动重传技术实现时间分集；采用跳频扩频或直接序列扩频技术实现频率隐分集作用。

（二）信道编码和交织技术

信道编码是通过在发送信息时加入冗余的数据位来改善通信链路的性能的。在发射机的基带部分，信道编码器把一段数字序列映射成另一段包含更多数字比特的码序列。然后，把已编码的码序列进行调制，以便在无线信道中传送。

接收机可以用信道编码来检测或纠正由于在无线信道中传输而引入的一部分或全部的误码。由于解码是在接收机进行解调之后执行的，所以编码被看作一种后检测技术。信道编码通常有两类：分组编码和卷积编码。

交织编码的目的是把一个由衰落造成的较长的突发差错离散成随机差错，再用纠正随机差错的编码（FEC）技术消除随机差错。以线性分组码为例，先将k位信息编成具有t位纠错能力的n位码字的分组码（n、k、t），再将其编码码字序列构成交织编码矩阵。

（三）跳频技术

如果频率合成器被设定在某一频率上，这就是普通的数字调制系统，其射频为一窄带频谱。当利用伪码随机设定频率合成器时，发射机的振荡频率在很宽的频率范围内不断地改变，从而使射频载波亦在一个很宽的范围内变化，于是形成了一个宽带离散谱。接收端必须以同样的伪码设定本地频率合成器，使其与发端的频率作相同的改变，即收发跳频必须同步，这样才能保证通信的建立。解决同步及定时是实现跳频系统的一个关键问题。

跳频系统处理增益的定义为

$$G_P = \frac{B_w}{B_s} \tag{3-6}$$

更直观的表达式为

$$G_P = N（可供选用的频率数目） \tag{3-7}$$

1. 跳频抗多径

跳频抗多径的原理是：若发射的信号载波频率为吻，当存在多径传播环境时，因多径延迟的不同，信号到达接收端的时间先后有别。若接收机在收到最先到达的信号之后立即将载波频率跳变到另一频率上，则可避开由于多径延迟对接收信号的干扰。为此，要求跳频信号驻留时间小于多径延迟时间差，即要求跳频的速率应足够快。例如，若多径延迟时间差为1则要求跳频速率为106跳/秒。要实现这样高的跳频速率，跳频通信系统在技术上尚存在困难。所以，在数字蜂窝移动通信中采用跳频技术的目的主要是抗干扰和抗衰落。

2. 跳频抗同频干扰

移动通信系统中，地理位置上不同的用户可能使用相同的频率资源，因此这些用户之间会产生干扰，即同频干扰。采用跳频图案的正交性组成正交跳频网，从而避免频率重用引起的同频干扰。即使利用跳频技术构成准正交跳频网，也能使同频干扰离散化，即减少同频干扰的重合次数，从而减少同频干扰的影响。

3. 跳频抗衰落

跳频抗衰落是指抗频率选择性衰落。跳频抗衰落的原理是：当跳频的频率间隔大于信道相关带宽时，可使各个跳频驻留时间内的信号相互独立。换句话说，在不同的载波频率上同时发生衰落的可能性很小。

对于快跳频系统，应满足传输的符号速率小于跳频速率这一条件，即一位符号是在多个跳频载波上传输。这相当于对符号的频率分集。因为跳频是在时间频率域上进行的，所以每一位符号还是在不同时隙中传输的，这又相当于对符号的时间分集。因此，快跳频技术同时具有频率分集和时间分集。

对于慢跳频系统，传输的符号速率大于跳频速率，即在一跳驻留时间内传输多个符号。因此，慢跳频不能起到对符号的频率分集作用。但是，采用慢跳频可将深衰落的影响分散开来，从而减轻深衰落对传输的影响。为了更好地发挥跳频抗衰落的作用，可将慢跳频技术与交织编码技术相结合，构成具有时间分集和频率分集作用的隐分集。

（四）直接序列扩频技术

基带信号的信码是欲传输的信号，它通过速率很高的编码序列（通常用伪随机序列）进行调制将其频谱展宽，这个过程称作扩频。频谱展宽后的序列被进行射频调制（通常多采用PSK调制），其输出则是扩展频谱的射频信号，经天线辐射出去。

在接收端，射频信号经混频后变为中频信号，它与本地的发端相同的编码序列反扩展，将宽带信号恢复成窄带信号，这个过程称为解扩。解扩后的中频窄带信号经普通信息解调器进行解调，恢复成原始的信码。

如果将扩频和解扩这两部分去掉，该系统就变成普通的数字调制系统。因此，扩频和解扩是扩展频谱调制的关键过程。

扩展频谱的特性取决于所采用的编码序列的码型和速率。为了获得具有近似噪声的频谱，均采用伪噪声序列作为扩频系统的编码序列。在接收端将同样的编码序列与所接收的信号进行相关接收，完成解扩过程。因此，对伪噪声序列的相关性还有特殊的要求。

由频谱扩展对抗干扰性带来的好处称为扩频处理增益，可表示为

$$G_\mathrm{P} = \frac{B_\mathrm{w}}{B_\mathrm{s}} \quad (3-8)$$

式（3-8）中，B_w为发射扩频信号的带宽，B_s为信码的速率。其中B_w与

所采用的伪码（伪随机序列或伪噪声序列的简称）速率有关。为获得高的扩频增益，通常希望增加射频带宽 B_w，即提高伪码的速率。

在发端，有用信号经扩频处理后，频谱被展宽；在收端，利用伪码的相关性作解扩处理后，有用信号频谱被恢复成窄带谱。宽带无用信号与本地伪码不相关，因此不能解扩，仍为宽带谱；窄带无用信号则被本地伪码扩展为宽带谱。由于无用的干扰信号为宽带谱而有用信号为窄带谱，因此可以用一个窄带滤波器排除带外的干扰电平，从而使窄带内的信噪比大大提高。为了提高抗干扰性，希望处理增益越大越好。

1. 直接扩频抗多径

直接扩频抗多径的原理是：当发送的直接序列扩频信号的码片（Chip）宽度 T_c 等于或小于最小多径时延差时，接收端利用直扩信号的自相关特性进行相关解扩后，将有用信号检测出来，从而具有抗多径的能力。若最小多径延迟时间差为 1 μs，则要求直扩信号的码片（Chip）宽度 T_c 等于或小于 1 μs，即要求码片速率 R_c 等于或大于 1 Mchip/s。在窄带CDMA数字蜂窝移动通信系统的标准中，采用的码片速率 R_c 为 1.23 Mchip/s，因此它可抗 1 μs 的多径干扰。

当利用直接扩频技术进行多径的分离与合并时，则可构成RAKE接收机，从而实现时间分集的作用。

2. 直接扩频抗干扰

直接扩频抗蜂窝系统内部和外部干扰的原理，也是利用直扩信号的自相关特性，经相关接收和窄带通滤波后，将有用信号检测出来，而那些窄带干扰和多址干扰都被处理为背景噪声。其抗干扰的能力可用直接扩频处理增益来表征。

3. 直接扩频抗衰落

直接扩频抗衰落是指抗频率选择性衰落。当直扩信号的频谱扩展宽度远大于信道相关带宽时，其频谱成分同时发生衰落的可能性很小，接收端通过对直接扩频信号的相关处理，则起到频率分集的作用。换句话说，这种宽带扩频信号本身就具有频率分集的属性。

（五）均衡技术

均衡可以补偿时分信道中由于多径效应而产生的码间干扰（ISI）。如果调制带宽超过了无线信道的相干带宽，将会产生码间干扰，并且调制信号将会展宽。而接收机内的均衡器可以对信道中幅度和延迟进行补偿。同分集技术一样，它不用增加传输功率和带宽即可改善移动通信链路的传输质量。分集技术通常用来减少接收时衰落的深度和持续时间，而均衡技术用来削弱码间干扰的影响。由于无线信道具有未知性和多变性，因而要求均衡器是自适应的。

均衡是指对信道特性的均衡，即接收端的均衡器产生与信道相反的特性，用来抵消信道的时变多径传播特性引起的码间干扰。换句话说，通过均衡器消除信道的频率和时间的选择性。由于信道是时变的，要求均衡器的特性能够自动适应信道的变化而均衡，故称自适应均衡。

均衡用于解决符号间干扰问题，适合于信号不可分离多径的条件下，且时延扩展远大于符号宽度的情况。它可分为频域均衡和时域均衡。频域均衡是使总的传输函数（信道传输函数和均衡器传输函数）满足无失真传输条件，即校正幅频特性和群时延特性。模拟通信多采用频域均衡。时域特性是使总的冲激响应满足无码间干扰的条件。数字通信中多采用时域均衡。

三、多载波和OFDM技术

多载波传输把数据流分解成若干个子比特流，这样每个子数据流将具有低得多的比特速率，用这样的低比特速率形成的低速率多状态符号再去调制相应的子载波，从而构成多个低速率符号并行发送的传输系统。传统多载波技术采用频分复用方式，将高速信息利用多个独立的载波传输，这样可以降低每个载波上的信息传送量。一般不同载波信号间保留一定的频率间隔来防止干扰，这降低了全部的频谱利用率。

正交频分复用（OFDM）系统是一种特殊的多载波传输方案，它可以被看作一种调制技术，也可以被当作一种复用技术。正交频分复用是对多载波调制（MCM，Multi-Carrier Modulation）的一种改进。它的特点是各子载波相互正交，于是扩频调制后的频谱可以相互重叠，不但减小了子载波间的相互干扰，还大大提高了频谱利用率。选择OFDM的一个主要原因在于该系统能够很好地对抗频率选择性衰落或窄带干扰。在单载波系统中，一次衰落或者干扰就可以导致整个链路失效，但是在多载波系统中，某一时刻只有少部分的子信道会受到深衰落的影响。

发送端将被传输的数字数据转换成子载波幅度和相位的映射，并进行IDFT变换将数据的频谱表达变为时域上。IFFT变换与IDFT变换的作用相同，只是有更高的计算效率，所以适用于所有的应用系统。把高速率数据流通过串并转换，使得每个子载波上的数据符号持续长度相对增加，从而可以有效地减少无线信道的时间弥散所带来的ISI，这样就减小了接收机内均衡的复杂度，有时甚至可以不采用均衡器，而仅仅通过采用插入循环前缀的方法消除ISI的不利影响。

第三节　无线通信组网技术

一、多址技术

（一）多址的基本原理

在无线通信系统中是以信道来区分通信对象的，一个信道只容纳一个用户进行通话，许多同时通话的用户，可以共享无线媒体，用某种方式可区分不同的用户，这就是多址方式。在无线通信环境的电波覆盖区内，如何建立用户之间的无线信道的连接，是多址接入方式的问题。解决多址接入问题的方法叫多址接入技术。

多址接入方式的数学基础是信号的正交分割原理。无线电信号可以表达为时间、频率和码型的函数，即可写作

$$s(c,f,t) = c(t)s(f,t) \quad (3-9)$$

式（3-9）中，$c(t)$ 是码型函数，$s(f,t)$ 是时间（t）和频率（f）的函数。

（二）频分多址技术（FDMA）

1. FDMA系统原理

频分多址为每一个用户指定了特定信道，这些信道按要求分配给请求

服务的用户。在呼叫的整个过程中，其他用户不能共享这一频段。在FDD系统中，分配给用户一个信道，即一对频谱七和八；一个频谱用作前向信道即基站向移动台方向的信道，另一个则用作反向信道即移动台向基站方向的信道。这种通信系统的基站必须同时发射和接收多个不同频率的信号，任意两个移动用户之间进行通信都必须经过基站的中转，因而必须同时占用2个信道（2对频谱）才能实现双工通信。在频率轴上，前向信道占有较高的频带，反向信道占有较低的频带，中间为保护频段。在用户频道之间，设有保护频带人，以免因系统的频率漂移造成频道间的重叠。

前向与反向信道的频带分割，是实现频分双工通信的要求；频道间隔（如25 kHz）是保证频道之间不重叠的条件。

2. FDMA系统中的干扰问题

FDMA系统是基于频率划分信道。每个用户利用一对频道和人进行通信。若有其他信号的成分落入一个用户接收机的频道带内时，将造成对有用信号的干扰。就蜂窝小区内的基站动台系统而言，主要干扰有互调干扰和邻道干扰。在频率集重复使用的蜂窝系统中，还要考虑同频道干扰。所谓互调干扰是指系统内由于非线性器件产生的各种组合频率成分落入本频道接收机通带内造成对有用信号的干扰。所谓邻道干扰是指相邻波道信号中存在的寄生辐射落入本频道接收机带内造成对有用信号的干扰。

3. FDMA系统的特点

每信道占用一个载频，相邻载频之间的间隔应满足传输信号带宽的要求。为了在有限的频谱中增加信道数量，系统均希望间隔越窄越好。FDMA信道的相对带宽较窄，每个信道的每一载波仅支持一个电路连接，也就是说FDMA通常在窄带系统中实现。

符号时间与平均延迟扩展相比较是很大的。FDMA方式中，每信道只传送一路数字信号，信号速率低，一般在25 kbit/s以下，远低于多径时延扩展所限定的100 kbit/s，所以在数字信号传输中，由码间干扰引起的误码极小，因此在窄带FDMA系统中无须自适应均衡。

基站复杂庞大，重复设置收发信设备。基站有多少信道，就需要多少部收发信机，同时需用天线共用器，功率损耗大，易产生信道间的互调干扰。

FDMA系统每载波单个信道的设计，使得在接收设备中必须使用带通滤波器允许指定信道里的信号通过，滤除其他频率的信号，从而限制邻近信道间的相互干扰。

越区切换较为复杂和困难。因在FDMA系统中，分配好语音信道后，基站和移动台都是连续传输的，所以在越区切换时，必须瞬时中断传输数十至数百毫秒，以把通信从一频率切换到另一频率去。瞬时中断对于话音问题不大，对于数据传输则将带来数据的丢失。

在模拟蜂窝系统中，采用频分多址方式是唯一的选择；在数字蜂窝系统中，则很少采用纯频分的方式。

（三）时分多址技术（TDMA）

1. TDMA系统原理

时分多址是在一个宽带的无线载波上，把时间分成周期性的帧，每一帧再分割成若干时隙（无论帧或时隙都是互不重叠的），每个时隙就是一个通信信道，分配给一个用户。系统根据一定的时隙分配原则，使各个移动台在每帧内只能按指定的时隙向基站发射信号（突发信号），在满足定时和同步的条件下，基站可以在各时隙中接收到各移动台的信号而互不干扰。同时，基站发向各个移动台的信号都按顺序安排在预定的时隙中传输，各移动台只要在指定的时隙内接收，就能在合路的信号中把发给它的信号区分出来。所以TDMA系统发射数据是用缓存突发法，对任何一个用户而言发射都是不连续的。这就意味着数字数据和数据调制必须与TDMA一起使用，而不同于采用模拟FM的FDMA系统。

2. TDMA系统的特点

TDMA系统突发传输的速率高，远大于语音编码速率。设每路编码速率为R（bit/s），共N个时隙，则在这个载波上传输的速率将大于NR（bit/s）。这是因为TDMA系统中需要较高的同步开销。同步技术是TDMA系统正常工作的重要保证。同步包括帧同步、时隙同步和比特同步。

TDMA系统发射信号速率随N的增大而提高，如果达到100 kbit/s以上，码间串扰将加大，必须采用自适应均衡，用以补偿传输失真。

TDMA系统用不同的时隙来发射和接收，因此不需双工器。即使使用FDD

技术，在用户单元内部的切换器，就能满足TDMA在接收机和发射机间的切换，而不使用双工器。

TDMA系统基站复杂性相比FDMA系统减小。因N个时分信道共用一个载波，占据相同带宽，只需一部收发信机。互调干扰小。

TDMA系统相比FDMA系统，抗干扰能力强，频率利用率高，系统容量大，越区切换简单。由于在TDMA中移动台是不连续的突发式传输，所以切换处理对一个用户单元来说是很简单的，因为它可以利用空闲时隙监测其他基站，这样越区切换可在无信息传输时进行，因而没有必要中断信息的传输，即使传输数据也不会因越区切换而丢失。

由于受频率选择性衰落信道的影响，TDMA的码速率受到限制，单载频的系统容量数是有限的。一般FDMA和TDMA结合起来，提供较大的系统容量。

（四）码分多址技术（CDMA）

1. CDMA系统原理

CDMA的技术基础是直接序列扩频（DSSS）技术。使用CDMA技术，用户可获得整个系统带宽，系统带宽比需要传送信息的带宽宽很多倍。DSSS系统的传输带宽超过相干带宽，解扩后可得到几个不同时延的信号。RAKE接收机可恢复多个时延信号，组成一个信号，对低频深衰落起到固有时间分集的作用。这对于移动通信是很有效的，同时解决了频率再利用的干扰。DSSS系统对移动用户的数目无硬限制。

在CDMA蜂窝通信系统中，用户之间的信息传输也是由基站进行转发和控制的。为了实现双工通信，正向传输和反向传输各使用一个频率，即通常所谓的频分双工。无论正向传输或反向传输，除了传输业务信息外，还必须传送相应的控制信息。为了传送不同的信息，需要设置相应的信道。但是，CDMA通信系统既不分频道又不分时隙，无论传送何种信息的信道都靠采用不同的码型来区分。

码分多址系统为每个用户分配了各自特定的地址码，利用公共信道来传输信息。CDMA系统的地址码相互具有准正交性，以区别地址，而在频率、时间和空间上都可能重叠。系统的接收端必须有完全一致的本地地址码，用来对接收的信号进行相关检测。其他使用不同码型的信号因为和接收机本地产生的码型不同而不能被解调。它们的存在类似于在信道中引入了噪声或干扰，通常称为多址干扰。

2. CDMA系统的特点

CDMA系统中许多用户共享同一频率，具有频率规划简单、通信容量大、系统软容量、抗衰落能力强、信号功率谱密度低的特点。

理论上讲，信道容量完全由信道特性决定，但实际的系统很难达到理想的情况，因而不同的多址方式可能有不同的通信容量。CDMA是干扰限制性系统，任何干扰的减少都直接转化为系统容量的提高。因此一些能降低干扰功率的技术，如话音激活（Voice Activity）技术等，可以自然地用于提高系统容量。

FDMA和TDMA系统中同时可接入的用户数是固定的，无法再多接入任何一个用户，而DS-CDMA系统中，多增加一个用户只会使通信质量略有下降，不会出现硬阻塞现象。

由于信号被扩展在一较宽频谱上而可以减小多径衰落。如果频谱带宽比信道的相关带宽大，那么固有的频率分集将减少快衰落的作用。在CDMA系统中，信道数据速率很高，因此码片（Chip）时长很短，通常比信道的时延扩展小得多，因为PN序列有低的自相关性，所以大于一个码片宽度的时延扩展部分，可受到接收机的自然抑制。如采用分集接收最大合并比技术，可获得最佳的抗多径衰落效果。而在TDMA系统中，为克服多径造成的码间干扰，需要用复杂的自适应均衡，均衡器的使用增加了接收机的复杂度，同时影响了越区切换的平滑性。

在DS-CDMA系统中，信号功率被扩展到比自身频带宽度宽百倍以上的频带范围内，因而其功率谱密度大大降低。由此可得到两方面的好处：其一，具有较强的抗窄带干扰能力；其二，对窄带系统的干扰很小，有可能与其他系统共用频段，使有限的频谱资源得到更充分的使用。

然而，CDMA系统存在着两个重要的问题。一是来自非同步CDMA网中不同用户的扩频序列不完全是正交的，这一点与FDMA和TDMA不同。FDMA和TDMA具有合理的频率保护带或保护时间，接收信号近似保持正交性，而

CDMA对这种正交性是不能保证的。这种扩频码集的非零互相关系数会引起各用户间的相互干扰——多址干扰（MAI），在异步传输信道以及多径传播环境中多址干扰将更为严重。另一问题是"远—近"效应，许多移动用户共享同一信道就会发生"远—近"效应问题。由于移动用户所在的位置处于动态的变化中，基站接收到的各用户信号功率可能相差很大，即使各用户到基站距离相等，深衰落的存在也会使到达基站信号各不相同，强信号对弱信号有明显的抑制作用，会使弱信号的接收性能很差甚至无法通信，这种现象被称为"远—近"效应。为了解决"远—近"效应问题，在大多数CDMA实际系统中使用功率控制。通过对每个用户功率的调整，使得每个用户到达接收机的能量相等，相互间干扰基本一致。

（五）空分多址技术（SDMA）

空分多址（SDMA）技术的原理是利用用户的地理位置不同，在与用户通信过程中采用天线的波束成形技术，使不同的波束方向对准不同的用户，达到多用户共享频率资源、时间资源和码资源。陆地移动通信系统采用智能天线技术构成空分多址。

二、媒体接入技术

媒体接入技术是指如何支持多用户接入系统的技术，主要针对用户发起的上行通信。针对多用户的无线通信系统，通常采用固定分配接入信道和动态分配业务信道的方式。采用固定分配接入信道方式时，系统设定部分信道资源作为上行接入信道，为提高利用效率，用户接入时通常通过竞争占用信道方式接入系统。例如，采用基于ALOHA方式或其改进版的随机多址接入方式，用户接入信息通常是短时、随机突发的数据包，采用随机多址接入方式可以匹配用户业务的统计模型，提高信道利用效率，因此随机多址接入通常也称为统计复用方式。

用户通过发送接入信息到系统，系统根据用户的接入请求动态分配信道资源作为用户业务的传输信道，当用户业务完成时，系统重新释放该业务信道，实现了系统信道资源的动态分配与使用。这种方式有助于提高信道资源的利用效率，从而可能支持更多的用户。

一般而言，在媒体接入技术中，往往涉及系统资源的管理问题。无线资源通常指的是系统中可用的频率、时隙、码字、天线、功率，为达到优化的通信指标，无线资源需要进行合理分配。

无线资源管理技术主要包含信道分配技术、用户接入技术等。信道分配包括固定分配、动态分配技术。

信道固定分配技术是指对不同用户分配固定信道资源，这种信道分配方式的好处是用户通信资源随时有保证，但缺点是其利用率较差，尤其是当用户的通信业务是突发业务时更明显。信道固定分配方式在卫星电视广播等系统中应用比较广泛，因为在这些系统中，电视业务需要不间断地发送，因此固定信道分配可以极大化地利用信道。

信道动态分配技术是指用户通过申请，系统基于信道资源池中的可用信道动态分配给用户使用，当用户完成通信任务时释放信道资源回归到信道资源池中。可以看到，信道动态分配技术采用按需请求、动态分配的原则，可以灵活调度系统可用信道资源。信道动态分配技术在蜂窝移动通信系统中得到了广泛应用，通过信道动态分配技术以及结合移动通信用户的突发特点，蜂窝移动通信系统可以支持远大于可用信道数的移动用户。

三、无线组网技术

利用无线通信进行组网的主要方式包括：固定无线通信网络、无线移动通信网络、无线自组织网络。

固定无线通信网络是指利用无线通信技术实现固定若干点之间的通信网络，其特点是通信用户通常是固定或缓慢移动的，不支持移动业务，典型的如基于数字微波的无线传输网络、同步卫星广播网络。固定无线通信网络需要对无线信道资源进行完善的规划，以达到不干扰、少干扰的特点。

无线移动通信网络是利用无线通信手段支持移动通信业务的组网方式，通常无线移动通信网络分成陆地蜂窝移动通信网络、卫星移动通信网络。

陆地蜂窝移动通信网络通过建立大量的基站，每个基站覆盖一定区域范围，从而总体上实现大范围区域的无线覆盖。用户在每个基站的覆盖范围内时，其通信通过该基站与系统连接，当用户移动时，通信业务自然需要在不同基站之间进行相应的移交转接，即移动通信中的切换操作。更甚者，当用户从一个移动通信系统覆盖区域移动到不同的移动通信系统覆盖区域时，移动通信网需要对用户这样的漫游行为进行管理以提供相应的服务。因此，无线移动通信网络除需要解决无线通信链路传输的问题外，还需要面对用户的移动性进行相应的管理，以保障用户的移动业务需求。

卫星移动通信网络与陆地蜂窝移动通信网络类似，不同的是在卫星移动通信网络中，往往由卫星提供地面的蜂窝覆盖，通过多颗卫星及天线多波束技术，卫星移动通信网络可以实现全球区域的覆盖。卫星移动通信网络中，用户通过卫星接入该系统，系统通过地面站或卫星为用户提供相应的移动通信业务，可以为用户实现全球范围内的实时通信业务，远洋船只、沙漠、极地地带等边远区域的通信往往可以通过组建卫星通信网提供良好的服务。

无线自组网通常是局部范围内的若干设备通过无线通信方式临时组建网络进行语音通信、文件共享等。无线自组网通常是临时性的，网络没有固定基础设施提供无线覆盖，因此无线自组网的组网方式需要通过无线通信方式进行用户的相互发现、网络拓扑形成与管理、网络路由管理等。无线自组网是典型的分布式网络，无线自组网中的通信通常是多跳方式的通信，即用户与用户之间需要通过其他用户的中转，当用户在相互移动时，无线自组网的形成与维护变得更复杂。无线自组网在战场、灾害、抢险等需要临时组建通信网络的情形下具有不可替代的作用。

第四章　光纤通信技术原理

第一节　光纤通信概述

一、电磁波谱

信息的传输是以电磁波为媒介进行的，电磁波的波谱很宽。通信所用的波段是在波长为千米至微米数量级范围。由于通信的容量与电磁波频率呈正比例增大，所以探索将更高频率的电磁波用于通信技术是人们追求的目标。

二、光纤通信系统基本结构与特点

光纤通信是以光波为载波、以光纤（即光导纤维）为传输媒质的通信方式。光纤通信系统包括了电发送、电接收、光源、光检测器、光纤光缆线路几部分。

光纤通信系统中由于采用了电—光、光—电的变换，可以采用光纤而不是电缆来传输信号。因为光纤的带宽和损耗性能比电缆要优越得多，即光纤的带宽比电缆要宽、损耗比电缆要小，因而光纤通信系统不但可以在长途干线上发挥作用，而且在本地网、接入网等传输网络中得到广泛的应用。

光纤通信系统由于采用了光纤传输信号实现通信，因此，和其他通信系统相比其具有一系列独特的优点，主要如下。

（一）频带宽，通信容量大

现在单模光纤的带宽可达5 THz·km量级，有着极大的传输容量。值得提出的是：光纤具有极宽的潜在带宽。如将光纤的低损耗和低色散区做到1.45～1.65μm波长范围，则相应的带宽为25THz。

（二）传输损耗低，中继距离长

光纤的传输损耗很低，石英光纤在1.55 pm波长处的传输损耗已可以做到0.2 dB/km，甚至达0.15 dB/km，这是以往任何传输线都不能与之相比的。损耗低，无中继传输距离就长。一般光纤通信系统的无中继传输距离为几十千米，甚至可达一百多千米，比电缆系统的中继距离大很多。

（三）抗电磁干扰

大多数光纤是由石英材料制成的，它不怕电磁干扰，也不受外界光的影响。强电、雷电等也不会影响光纤的传输性能，甚至在核辐射的环境中光纤通信也能正常进行，这是电通信所不能比拟的。因此光纤通信在许多特殊环境中得到了广泛的应用。

（四）光纤通信串话小，保密性强，使用安全

光在光纤中传输时，光波集中在光纤芯子中传输，向外泄漏的光能很小。同一根光缆中的光纤之间不会产生干扰和串话，因而保密性好，使用安全。

（五）体积小，重量轻，便于敷设

光纤细如发丝。其外径仅为125 μm，套塑后的外径也小于1 mm，加之光纤材料的比重小，成缆后的重量也轻。例如，18芯架空光缆（或管道）重量约为150 kg/km，而18管同轴电缆的重量约为11 t/km。经过表面涂覆的光纤具有很好的可绕性，便于敷设，可架空、直埋或置入管道，可用于陆地或海底，在飞机、轮船、人造卫星和宇宙飞船上也特别适用。

（六）材料资源丰富

通信用电缆的主要材料为稀有金属铜，其资源严重紧缺。而石英光纤的主体材料是SiO_2，材料资源丰富。

（七）系统可靠和易于维护

这主要源于光纤光缆的低损耗特性降低了对中继器或线路放大器的需求。因此，可以使用较少的光中继器或放大器，与传统的传输系统相比，系统的可靠性通常得到提高。此外，光器件的可靠性已不再是一个问题，一般的器件寿命可以达到20~30年。这两个因素使得维护时间和系统的成本得到降低。

光纤通信的这些优点使其成为当今信息领域的重要支柱。光纤通信的发展日新月异、一日千里，新的系统、器件不断涌现，为光纤通信不断注入新的活力，使其在通信领域占据了重要的地位。

第二节　光纤传输原理与特性

一、光纤的结构和分类

光纤通信中所使用的光纤是截面很小的可绕透明长丝，它在长距离内具有束缚和传输光的作用。

光纤是圆截面介质波导。光纤由纤芯、包层和涂覆层构成。纤芯由高度透明的材料构成；包层的折射率略小于纤芯，从而可以形成光波导效应，使大部分的光被束缚在纤芯中传输；涂覆层的作用是增强光纤的柔韧性。此外为了进一步保护光纤，提高光纤的机械强度，一般在带有涂覆层的光纤外面再套一层热塑性材料，成为套塑层（或二次涂覆层）。在涂覆层和套塑层之间还需填充一些缓冲材料，成为缓冲层（或称垫层）。

目前使用的光纤大多为石英光纤。它以纯净的二氧化硅材料为主，为了改变折射率，中间掺以合适的杂质。掺锗和磷使折射率增加，掺硼和氟使折射率降低。

光纤依据不同的原则可有以下不同的分类方法。

（一）按光纤横截面的折射率分布分类

根据光纤横截面折射率分布的不同，常用光纤可以分成阶跃折射率分布光纤（简称阶跃光纤）和渐变折射率分布光纤（简称渐变光纤）两种类型。

（二）按光纤中的传导模式数量分类

光是一种电磁波，它沿光纤传输时可能存在多种不同的电磁场分布形式（即传播模式）。能够在光纤中远距离传输的传播模式称为传导模式。根据传导模式数量的不同，光纤可以分为单模光纤和多模光纤两类。

(三)按光纤的套塑层分类

1. 紧套光纤

典型的紧套光纤各层之间都是紧贴的,光纤被套管紧紧箍住,不能在其中松动。在光纤与套管之间放置了一个缓冲层,以减小外面应力对光纤的作用。紧套光纤的结构简单,使用和测试都比较方便。

2. 松套光纤

光纤的护套为松套管,光纤能在其中松动。管内空间填充油膏,以防水分渗入。松套光纤的机械性能、防水性能都比较好,便于成缆。若一根管内放入2~20根光纤,可制成光纤束,称为松套光纤束。

二、光纤的导光原理

光具有波粒二象性,既可以将光看成光波,也可以将光看作是由光子组成的粒子流。因而在分析光纤中光的传输特性时相应地也有两种理论,即射线光学(几何光学)理论和波动光学理论。

射线光学是用光射线代表光能量传输线路来分析问题的方法。这种理论适用于光波长远远小于光波导尺寸的多模光纤,可以得到简单、直观的分析结果。

波动光学是把光纤中的光作为经典电磁场来处理。从波动方程和电磁场的边界条件出发,可以得到全面、正确的解析或数字结果,给出光纤中的场结构形式(即传输模式),从而给出光纤中完善的场的描述形式。它的特点是:能够精确、全面地描述光纤的传输特性,这种理论适合于单模光纤和多模光纤的分析。

三、光纤的传输特性

光纤的传输特性主要包括光纤的损耗特性和色散特性,此外还有光纤的非线性效应。

(一)光纤的损耗特性

光波在光纤中传输时,随着传输距离的增加,光功率会不断下降。光纤对光波产生的衰减作用称为光纤的损耗。衡量光纤损耗特性的参数为衰减系

数（损耗系数）α，定义为单位长度光纤引起的光功率衰减，其表达式为

$$\alpha(\lambda) = \frac{10}{L} \lg \frac{P_i}{P_0} \quad (4-1)$$

式（4-1）中，$\alpha(\lambda)$为在波长λ处的衰减系数，单位为dB/km；P_i为输入光纤的光功率；P_0为光纤输出的光功率；L为光纤的长度。

光纤的损耗特性是光纤的一个很重要的传输参数，它对于评价光纤质量和确定光纤通信系统的中继距离起着决定性的作用。光纤在1.55μm处的损耗可以做到0.2 dB/km左右，接近光纤损耗的理论极限值。

1. 引起光纤损耗的因素

光纤的损耗因素主要有吸收损耗、散射损耗和其他损耗。这些损耗又可以归纳为本征损耗、制造损耗和附加损耗等。

本征损耗是指光纤材料固有的一种损耗，是无法避免的，它决定了光纤的损耗极限。石英光纤的本征损耗包括光纤的本征吸收和瑞利散射造成的损耗。本征吸收是石英材料本身固有的吸收，包括红外吸收和紫外吸收。红外吸收是由于分子振动引起的，它在1 500～1 700 nm波长区对光纤通信有影响；紫外吸收是由于电子跃迁引起的，它在700～1 100 nm波长区对光纤通信有影响。瑞利散射是由于光纤折射率在微观上的随机起伏所引起的，这种材料折射率的不均匀性使光波产生散射。瑞利散射在600～1 600 nm波段对光纤通信产生影响。

光纤制造损耗是在制造光纤的工艺过程中产生的，主要由光纤中不纯成分的吸收——杂质吸收和光纤的结构缺陷引起。杂质吸收中影响较大的是各种过渡金属离子和OH⁻离子导致的光的损耗。其中OH⁻离子的影响比较大，它的吸收峰分别位于950 nm、1 240 nm和1 390 nm，对光纤通信系统影响较大。随着光纤制造工艺的日趋完善，过渡金属的影响已不显著，最好的工艺已可以使OFT离子在1 390 nm处的损耗降低到0.04 dB/km，甚至小到可忽略不计的程度。此外，光纤结构的不完善会带来散射损耗。

附加损耗是在光纤成缆之后出现的损耗，主要是光纤受到弯曲或微弯时，使得光产生了泄漏，造成光损耗。

除上述3类损耗外，在光纤的使用中还会存在连接损耗、耦合损耗，如果

光纤中入射光功率超出某值时还会有非线性效应带来的散射损耗。

2. 光纤的损耗特性曲线——损耗谱

将以上三类损耗相加就可以得到总的损耗，它是一条随波长而变化的曲线，叫作光纤的损耗特性曲线——损耗谱。

光纤的损耗谱形象地描绘了衰减系数与波长的关系。从光纤损耗谱可以看出，衰减系数随波长的增大呈降低趋势；损耗的峰值主要与OFT离子有关。另外，波长大于1 600 nm时损耗增大是由于石英玻璃的吸收损耗和微（或宏）观弯曲损耗引起的。光纤的制造工艺可以消除光纤在1 390 nm附近的OH⁻离子的吸收峰，使光纤在整个1 300~1 600 nm波段都有很低的损耗。

（二）光纤的色散特性

1. 光纤色散的概念

光纤色散是指由于光纤所传输的信号是由不同频率成分和不同模式成分所携带的，不同频率成分和不同模式成分的传输速度不同，从而导致信号畸变的一种物理现象。在数字光纤通信系统中，色散使光脉冲发生展宽。

光纤的色散现象对光纤通信很不利。对于数字光纤通信系统，当色散严重时，会导致光脉冲前后相互重叠，造成码间干扰，增加误码率。所以光纤的色散不仅影响光纤的传输容量，也限制了光纤通信系统的中继距离。

2. 光纤色散的表示法

光纤的色散可以用不同的方法来表示，常用的有色散系数 $D(\lambda)$、最大时延差 $Ä\tau$、光纤的带宽等。

光纤的色散系数 $D(\lambda)$ 定义为单位线宽光源在单位长度光纤上所引起的时延差，单位是ps/km·nm，其公式为

$$D(\lambda) = \frac{(Ä\tau)\lambda}{Ä\lambda} \quad (4-2)$$

式（4-2）中，$(Ä\tau)\lambda$ 为单位长度光纤上的时延差，单位是ps/km；$Ä\tau$ 是光源的线宽，单位为nm。

最大时延差 $Ä\tau$ 描述光纤中速度最快和最慢的光波成分的时延之差。时延差越大，色散就越严重。

光纤带宽是用光纤的频域特性来描述光纤的色散，它是把光纤看作一个

具有一定带宽的低通滤波器，光脉冲经过光纤传输后，光波的幅度随着调制的频率增加而减小，直到为零，而脉冲宽度则发生展宽。经理论推导，光纤的带宽和时延差的关系为

$$B = \frac{441}{Δτ} \qquad (4-3)$$

式（4-3）中，B为光纤每千米带宽，单位是MHz·km；$Δτ$是光脉冲传输1 km的时延差，单位是ns/km。

从上述的定义可以看出，色散系数 $D(λ)$、最大时延差$Δτ$、光纤的带宽都是从不同角度反映光纤的同一特性——色散。

3. 光纤色散的种类

根据色散产生的原因，光纤色散的种类主要可以分为模式色散、材料色散和波导色散三种。模式色散是由于信号不是单一模式携带所导致的，又称为模间色散；材料色散和波导色散是由于同一个模式内携带信号的光波频率成分不同所导致的，所以也叫作模内色散。

（1）模式色散

在多模光纤中存在许多传输模式，即使在同一波长，不同模式沿光纤轴向的传输速度也不同，到达接收端所用的时间不同，产生了模式色散。

（2）材料色散

由于光纤材料的折射率是波长λ的非线性函数，从而使光的传输速度随波长的变化而变化，由此而引起的色散叫材料色散。

材料色散主要是由光源的光谱宽度所引起的。由于光纤通信中使用的光源不是单色光，具有一定的光谱宽度，这样不同波长的光波传输速度不同，从而产生时延差，引起脉冲展宽。材料色散引起的脉冲展宽与光源的光谱线宽和材料色散系数成正比，所以在系统使用时尽可能选择光谱线宽窄的光源。石英光纤材料的零色散系数波长在1 270 nm附近。

（3）波导色散

同一模式的相位常数随波长 $λ$ 而变化，即群速度随波长而变化，从而引起色散，称为波导色散。

波导色散主要是由光源的光谱宽度和光纤的几何结构所引起的。一般波

导色散比材料色散小。普通石英光纤在波长1310 nm附近波导色散与材料色散可以相互抵消，使二者总的色散为零，因而普通石英光纤在这一波段是一个低色散区。

在多模光纤中以上三种色散均存在。对于多模阶跃折射率光纤，模式色散占主要地位，其次是材料色散，波导色散比较小，可以忽略不计。对于多模渐变折射率光纤，模式色散较小，波导色散同样可以忽略不计。

对于单模光纤，上述三种色散中只有材料色散和波导色散存在。

此外，在单模光纤中还存在偏振模色散。偏振模色散是由于实际的光纤总是存在一定的不完善性，使得沿着两个不同方向偏振的同一模式的相位常数 β 不同，从而导致这两个模式传输不同步，形成色散。

偏振模色散通常较小，在速率不高的光纤通信系统中可以忽略不计。对于工作在零色散（材料色散和波导色散之和为零）波长的单模光纤，偏振模色散将成为最后的极限。随着光纤通信系统传输速率的提高，偏振模色散对系统的影响加大，必须很好地控制它，以减少它对系统的限制。

（三）光纤的非线性效应

在高强度电磁场中，任何电介质对光的响应都会变成非线性，光纤也不例外。

在光纤通信系统中，高输出功率的激光器、掺铒光纤放大器和低损耗光纤的使用，使得光纤中的非线性效应愈来愈显著。这是因为光纤中的光场主要束缚于很细的纤芯中，使得场强非常高；低损耗又使得高场强可以维持很长的距离，保证了有效的非线性相互作用所需的相干传输距离。特别是在当今的大容量、长距离光纤通信系统中，光纤中传输的光功率大，使得这一问题尤为突出。

光纤中的非线性效应对于光纤通信系统有正反两方面的作用：一方面可引起传输信号的附加损耗、波分复用系统中信道之间的串话、信号载波的移动等；另一方面又可以被利用来开发如放大器、调制器等器件。

光纤的非线性可以分为两类：受激散射效应和折射率扰动。

1. 受激散射效应

受激散射效应是光通过光纤介质时，有一部分能量偏离预定的传播方向，且光波的频率发生改变，这种现象称为受激散射效应。受激散射效应有两种形式：受激布里渊散射和受激拉曼散射。这两种散射都可以理解为一个高能量的光子被散射成一个低能量的光子，同时产生一个能量为两个光子能量差的另一个能量子。两种散射的主要区别在于：受激拉曼散射的剩余能量转变为光频声子，而受激布里渊散射的剩余能量转变为声频声子；光纤中的受激布里渊散射只发生在后向，受激拉曼散射主要是前向。受激布里渊散射和受激拉曼散射都使得入射光能量降低，在光纤中形成一种损耗机制。在较低光功率下，这些散射可以忽略。当入射光功率超过一定阈值后，受激散射效应随入射光功率呈指数增加。

2. 折射率扰动

在入射光功率较低的情况下，可以认为石英光纤的折射率与光功率无关。但是在较高光功率下，则应考虑光强度引起的光纤折射率的变化，它们的关系为

$$n = n_0 + n_2 P / A_{\text{eff}} \qquad (4-4)$$

式（4-4）中，n_0 为线性折射率，n_2 为非线性折射率系数，P 为入射光功率，A_{eff} 为光纤有效面积。

折射率扰动主要引起四种非线性效应：自相位调制（SPM）、交叉相位调制（XPM）、四波混频（FWM）、光孤子形成。

第三节 有源和无源光器件及子系统

一、光发射机

光发射机的主要作用是将电端机送来的电信号变换为光信号，并耦合进光纤中进行传输。光发射机中的光源和光调制器是整个系统的核心器件，它的性能直接关系到光纤通信系统的性能和质量指标。

（一）半导体激光器

半导体光源的核心是PN结，它由高掺杂浓度的P型半导体材料和N型半导体材料组成。当把电流信号加载到它的两个电极上时，器件会输出光信号，

这样激光器就可以实现将电信号转换成相应的光信号。半导体激光器工作的物理机制是受激辐射，它的主要特性如下。

1. 发射波长

构成半导体激光器的材料决定了激光器的发射波长。光纤通信系统中有 850 rim 波段的短波长、1 310 nm 波段和 1 550 nm 波段三个不同波段的半导体激光器。

2. 特性

半导体激光器的特性是指它的输出功率 P 随注入电流 I 的变化关系。随着激光器注入电流的增加，其输出光功率增加，但不是呈线性关系。当注入电流低于阈值时，输出功率很小，此时输出光为荧光；当注入电流大于阈值电流后，输出光功率随注入电流的增加而急剧增加，此时输出的光是激光。

3. 温度特性

半导体激光器是对温度敏感的器件，它的输出光功率随温度而变化。随着温度的升高，器件的阈值电流增大，输出光功率降低，而且输出光的峰值波长会向长波长方向漂移。因此实用化的半导体激光器必须对温度加以控制。

4. 模式特性

光纤通信系统要求半导体激光器工作于基横模和单侧模，以提高与光纤的耦合效率。为减小光纤带来的色散，要求激光器单纵模工作，特别是在高速调制下的单纵模运转。

5. 光谱特性

半导体激光器的光谱特性主要是由激光器的纵模决定。激光器的光谱会随着注入电流而发生变化。当注入电流低于阈值电流时，半导体激光器发出的是荧光，光谱很宽。当电流增大到阈值电流时，光谱突然变窄，光谱中心强度急剧增加，出现了激光。对于单纵模半导体激光器，由于只有一个纵模，其谱线更窄。

6. 激光器的调制特性

半导体激光器具有较窄光谱宽度，使得它可以在高速调制下工作，如大于 40 Gbit/s 的速率。半导体激光器能实现的直接调制带宽可以到 25 GHz。

（二）光纤通信系统中常用的半导体激光器类型

1. 法布里—珀罗腔（FP）半导体激光器

法布里—珀罗腔半导体激光器是最常见、最普通的半导体激光器，它最大的特点是激光器的谐振腔由半导体材料的两个解理面构成。器件的输出光由多个纵模构成，这类半导体激光器也称作多纵模半导体激光器。由于光纤色散的存在，不同的纵模在光纤中的传输速度不同，限制了系统的传输速率，对于1 550 nm工作波长，系统的比特率距离积小于10 Gbit/s·km。

2. 分布反馈（DFB）半导体激光器

DFB激光器是在有源区或邻近波导层上刻蚀所需的周期波纹光栅而构成的。DFB激光器的激光振荡由光栅形成的光耦合来提供，其基本原理是布拉格反射原理。DFB激光器具有动态单纵模特性好、光谱线宽窄、波长稳定性好、线性度好等优势，是高速光纤通信系统的理想光源，器件可以实现1 550 nm波段的2.5 Gbit/s及以上速率的直调。

3. 多段DFB半导体激光器

多段DFB半导体激光器同样具有DFB半导体激光器的窄线宽、可以实现高速调制的优点，同时又可以实现大范围的光波长调谐。这类器件可以应用于波分复用（WDM）中，以减少系统使用的激光器的数目，典型的器件可以实现35～40 nm的连续可调谐。

4. 垂直腔面发射（VCSEL）半导体激光器

垂直腔面发射半导体激光器是垂直表面出光的激光器。它的谐振腔由位于有源区的上下两侧的反射镜构成。它可以实现更高功率输出，适合应用在并行光传输以及并行光互连等领域；它成本较低，在宽带以太网、高速数据通信网中得到了大量的应用。

（三）发光二极管

发光二极管（LED）是非相干光源，它的基本工作原理是自发辐射。发光二极管与半导体激光器在材料、异质结构上没有很大差别。二者在结构上的主要差别是：发光二极管没有光学谐振腔，不能形成激光。发光二极管的发光仅限于自发辐射，发出的是荧光，是非相干光。根据发光二极管的发光面与PN结的结平面平行或垂直而分为面发光二极管和边发光二极管。

由于发光二极管与半导体激光器在发光机理和结构上存在差异，使得它们在主要性能上存在明显差异。发光二极管的主要特性如下。

1. 特性

发光二极管不存在阈值，输出光功率与注入电流之间呈线性关系，且线性范围较大。当注入电流较大时，由于PN结的发热，发光效率降低，出现饱和现象。从图中可以看出，在相同注入电流下，面发光二极管的发射功率比边发光二极管大。

2. 光谱特性

由于发光二极管输出的是自发辐射光，并且没有光学谐振腔，所以输出光谱要比半导体激光器宽得多，一般有50～70 nm。

3. 温度特性

与半导体激光器相比，发光二极管的温度特性是很好的。由于发光二极管的输出光功率随温度变化不大，在实际使用中可以不加温度控制。

4. 远场特性

远场特性是距离器件输出端面一定距离的光束在空间上的分布。发光二极管输出光的发散角较半导体激光器大，因此它与光纤耦合的效率很低，使得出纤光功率很低。

5. 调制特性

发光二极管的调制带宽在几十至几百兆赫兹的范围。

与半导体激光器相比，发光二极管的突出优点是寿命长、可靠性高、调制电路简单、成本低，所以它在一些传输速率不太高、传输距离不太长的系统中得到了广泛的应用。

二、光接收机

光接收机的主要作用是将经过光纤传输的微弱光信号转换成电信号，并放大、再生成原发射的信号。光检测器是光接收机中的关键器件，它通过光电效应将光信号转换成电信号，由于从光纤中传输过来的光信号一般是非常微弱且产生了畸变的信号，因此光纤通信系统对光检测器提出了非常高的要求。

满足上述要求、适合于光纤通信系统使用的光检测器主要有半导体（PIN）光电二极管、雪崩（APD）光电二极管、金属—半导体—金属（MSM）光探测器等，其中前两种在光纤通信系统中得到了广泛的应用。

（一）PIN光电二极管

半导体光检测器的核心是PN结的光电效应，工作在反向偏压下的PN结光电二极管是最简单的半导体光检测器。受激吸收是半导体光检测器的基本工作原理。为了得到高量子效率、提高响应速度，光检测器一般采用PIN结构。它是在高掺杂P型和N型半导体材料之间生长一层本征半导体材料或低掺杂半导体材料，称为Ⅰ层，高掺杂的P区和N区非常薄。这种结构使得光子在本征区内能够被充分吸收，并产生光生载流子，在反向偏压作用下，最终转换成光生电流。

（二）APD光电二极管

APD光电二极管是具有内部增益的光检测器，它可以用来检测微弱光信号并获得较大的输出光电流。雪崩光电二极管能够获得内部增益是基于碰撞电离效应。当PN结上加高的反偏压时，本征吸收层的电场很强，光生载流子经过时就会被电场加速，当电场强度足够高时，光生载流子获得很大的动能，它们在高速运动中与半导体晶格碰撞，使晶体中的原子电离，从而激发出新的载流子，这个过程称为碰撞电离。碰撞电离产生的载流子对在强电场作用下同样又被加速，重复前一过程，这样多次碰撞电离的结果使载流子迅速增加，电流也迅速增大，形成雪崩倍增效应，APD就是利用雪崩倍增效应使光电流得到倍增的高灵敏度的光检测器。

（三）光接收机的组成与指标

光接收机的主要作用是将经过光纤传输的微弱光信号转换成电信号，并放大、再生成原发射的信号。

1. 光接收机的组成

对于强度调制的数字光信号，在接收端采用直接检测（DD）方式时，光接收机由光电变换、前置放大、均衡滤波、判决、译码、自动增益控制（AGC）、时钟恢复及输出接口等部分构成。

光电变换的功能是把光信号变换为电流信号，它主要采用PIN光电二极管或APD光电二极管。

前置放大部分是低噪声、宽频带放大器，它的噪声性能直接影响到接收机灵敏度的高低。

主放大器是一个增益可调的放大器，它把来自前置放大器的输出信号放大到判决电路所需的信号电平。其增益应受AGC信号控制，使入射功率在一定范围变化时，输出信号幅度保持恒定。

均衡滤波部分的作用是将输出波形均衡成具有升余弦频谱，以消除码间干扰。

判决器和时钟恢复电路对信号进行再生。在发送端进行了线路编码，在接收端则需有相应的译码电路。

输出接口主要解决光接收端机和电接收端机之间阻抗和电压的匹配问题，保证光接收端机输出信号顺利地送入电接收端机。

2．光接收机的主要指标

光接收机的主要指标有光接收机的灵敏度和动态范围。

（1）光接收机的灵敏度

光接收机的灵敏度P_R（单位：dBm）是指在系统满足给定误码率指标的条件下，接收机所需的最小平均接收光功率P_r（mW）。可以表示为

$$P_R = 10\lg\frac{P_r}{1} \tag{4-5}$$

影响接收机灵敏度的主要因素是噪声，它包括光检测器的噪声、放大器的噪声等。它是系统性能的综合反映。

（2）光接收机的动态范围

光接收机的动态范围D（单位：dB）是指在保证系统误码率指标的条件下，接收机的最大允许平均接收光功率P_{max}与最小平均接收光功率P_r之差。可以表示为

$$D = 10\lg\frac{P_{mix}}{P_r} \tag{4-6}$$

之所以要求光接收机有一个动态范围，是因为光接收机的输入光信号不是固定不变的，为了保证系统正常工作，光接收机必须具备适应输入信号在一定范围内变化的能力。好的光接收机应有较宽的动态范围。

三、光放大器

光纤通信在进行长距离传输时，由于光纤中存在损耗和色散，使得光信号能量降低、光脉冲发生展宽。因此每隔一定距离就需设置一个中继器，以便对信号进行放大和再生，然后送入光纤继续传输。传统采用的方案是光—电—光的中继器，其工作原理是先将接收到的微弱光信号经光电检测器转换成电流信号，然后对此电信号进行放大、均衡、判决等使信号再生，最后再通过半导体激光器完成电光转换，重新发送到下一段光纤中去。在光纤通信系统传输速率不断提高的现代通信中，这种光—电—光的中继变换处理方式的成本迅速增加，已经不能满足现代通信传输的要求。

长时间以来，人们一直在寻找用光放大的方法来替代传统的中继方式，并延长中继距离。光放大器能直接放大光信号，无须转换成电信号，对信号的格式和速率具有高度的透明性，使得整个光纤通信传输系统更加简单和灵活。它的出现和实用化在光纤通信中引起一场革命。

成功研制出的光放大器有半导体光放大器、光纤放大器两大类。每一类又有不同的应用结构和形式。

（一）半导体光放大器

半导体光放大器是一个具有或不具有端面反射的半导体激光器，其结构和工作原理与半导体激光器非常相似。当给器件加偏置电流时，通过受激辐射的工作机制使输入的微弱光信号获得增益。当然在工作机制中也存在自发辐射，自发辐射产生随机起伏的放大器噪声，称为被放大的自发辐射（ASE）噪声。

半导体光放大器的特点是：尺寸很小；增益较高，一般在15~30 dB；频带宽，一般为50~70 nm。存在的主要问题是：与光纤的耦合损耗大，为5~8 dB；由于增益与偏振态、温度等因素有关，稳定性差；在高速光信号的放大上，仍存在问题；输出功率小，噪声系数较大。

（二）光纤放大器

光纤放大器分为稀土掺杂光纤放大器和利用非线性效应制作的常规光纤放大器。

第四章　光纤通信技术原理

稀土掺杂光纤放大器是利用光纤中稀土掺杂物质引起的增益机制实现光放大的。掺杂的稀土元素有铒（Er）、镨（Pr）、铒镱（Er：Yb）共掺杂等。其中掺铒光纤放大器（EDFA）的工作波长为1 550 run波段，掺镨光纤放大器（PDFA）的工作波长为1 300 nm波段。

EDFA的工作波长为1 550 nm，与光纤的低损耗窗口一致，是最具吸引力和最为成熟的光纤放大器。EDFA的典型结构包括光路结构和辅助电路部分。光路部分由掺铒光纤、泵浦光源、光耦合器、光隔离器和光滤波器组成。辅助电路主要有电源、自动控制部分和保护电路。

掺铒光纤是EDFA的核心，它以石英光纤为基础材料，在光纤芯子中掺入一定比例的稀土元素——铒离子（Er^{3+}）。这样形成了一种特殊的光纤，这种光纤在一定的泵浦光激励下，处于低能级的Er^{3+}可以吸收泵浦光的能量，向高能级跃迁。由于Er^{3+}，在高能级上的寿命很短，很快以无辐射的形式跃迁到亚稳态，在该能级上，Er^{3+}有较长的寿命，从而在亚稳态和基态之间形成粒子数反转分布。当1 550 nm波段的光信号通过这段掺铒光纤时，亚稳态的Er^{3+}以受激辐射的形式跃迁到基态，并产生和入射光信号中的光子一模一样的光子，大大增加了信号光中的光子数量，实现了信号光在掺铒光纤中的放大。

EDFA中的泵浦光源为信号光的放大提供足够的能量，它使处于低能级的Er3+被提升到高能级上，使掺铒光纤达到粒子数反转分布。一般采用的泵浦光源是半导体激光二极管，其泵浦波长有800 nm、980 nm和1 480 nm三种。其中应用最多的是980 nm的泵浦光源，因为980 nm的泵源具有噪声低、泵浦效率高、驱动电流小、增益平坦性好等优点。

EDFA的泵浦形式有三种，同向泵浦、反向泵浦和双向泵浦。同向泵浦是信号光与泵浦光以同一方向进入掺铒光纤的方式，反向泵浦是信号光与泵浦光从两个不同的方向进入掺铒光纤的方式，同向泵浦则是同向泵浦和反向泵浦同时泵浦的方式。

EDFA中的光耦合器的作用是将信号光和泵浦光合在一起，送入掺铒光纤中。光隔离器的作用是抑制反射光，以确保光放大器工作稳定。光滤波器的作用是滤除光放大器中的噪声，提高EDFA的信噪比。

辅助电路部分中的自动控制部分一般采用微处理器对EDFA的泵浦光源的

工作状态进行监测和控制、对EDFA输入和输出光信号的强度进行监测，根据监测结果适当调节泵浦光源的工作参数，使EDFA工作在最佳状态。此外辅助电路部分还包括自动温度控制和自动功率控制的保护功能的电路。

另一种光纤放大器是利用传输光纤制作的常规光纤放大器，它是利用光纤的三阶非线性光学效应产生的增益机制对光信号进行放大。其特点是传输线路和放大线路同为光纤，是一种分布参数式的光放大器。其主要的缺点是由于单位长度的增益系数较低，需要很高的泵浦光功率。光纤拉曼放大器（FRA）是这类器件中的佼佼者，它具有在1 270~1 670 nm全波段实现光放大和利用传输光纤进行在线放大的优点，成为继EDFA之后的又一颗璀璨的明珠。

四、光波分复用器/解复用器

光波分复用（WDM）器件是波分复用系统的重要组成部分，是关系波分复用系统性能的关键器件。光波分复用器是将多个波长的信号复合在一起并注入传输光纤中的器件，解复用器则是将多路复用的光信号按波长分开的一类器件。两类器件通常被称为波分复用器，一般波分复用器既可作为复用器，也可作为解复用器使用。对波分复用器件的主要要求是：

（1）插入损耗小，隔离度大，串扰小。

（2）带内平坦，带外插入损耗变化陡峭。

（3）温度稳定性好，工作稳定、可靠。

（4）复用通路数多，尺寸小。

在光纤通信系统中常用的波分复用器主要有光栅型、干涉型、光纤方向耦合器型、光滤波器型等。干涉型复用和解复用器件多种多样，常用的有干涉膜滤波器型和阵列波导光栅型（AWG，Arrayed Waveguide Grating）。

第四节 光纤通信系统

一、强度调制—直接检测光纤通信系统

IM-DD光纤通信系统是在发送端用信号调制光载波的强度，在接收端用光检测器直接检测光信号的光纤通信系统。IM-DD光纤通信系统的基本结构包括编码/信号整形部分、调制器/驱动器、光源、传输线路光纤、光检测器、放大器、解码/解调器等。如果光通信系统进行长距离传输，系统还需要增加光中继器。

系统光源的调制实施方案有两种方式：外调制和内调制。内调制适合于半导体光源（LD、LED），它将要传送的信息转变为电流信号注入光源器件，经电光转换，获得相应的光信号输出，输出光波幅值与调制信号成比例及线性关系。按调制信号的形式，内调制又可分为模拟调制和数字调制：模拟调制是直接用连续的模拟信号（如语音或视频信号）对光源进行调制；一般数字调制是指PCM编码调制，先将连续变化的模拟信号通过抽样、量化和编码转换成一组二进制脉冲代码来表示信号，实现调制。

当光纤通信系统向高速方向发展时，内调制难以满足要求，不得不采用外调制。外调制是在光源外对光源发出的光载波进行调制，即利用晶体的电光、磁光和声光效应等性质对光波进行调制。具体实施方法是：在激光器输出的光路上放置光调制器，并对调制器进行电压调制，使经过调制器的光载波得到调制。对于光调制器可采用铌酸锂调制器、电吸收调制器等方法。由于外调制是对光载波进行调制，不但可对光强度，还可对相位、偏振和波长进行调制。

直接检测是指不经过任何变换用光检测器直接检测光信号，并转换成电信号。通过光纤传输过来的光信号一般都非常微弱，经过光检测器转换成的电信号也非常微弱，需要先经放大、再生。如果原始信号是模拟信号，其再生只需要滤波器即可；如是数字信号，还要增加判决、时钟提取和自动增益控制等电路。

由于光纤或光缆的长度受光纤拉制工艺和光缆施工条件的限制，且光纤的拉制长度也是有限度的，因此一条光纤线路可能存在多根光纤相连接的问题。于是，光纤间的连接、光纤与光端机的连接及耦合，在系统中对光纤连接器、耦合器等无源器件的使用是必不可少的。

二、相干光通信系统

长距离、大容量、高速率光纤通信系统，是光通信的追求目标。尽管波分复用技术和掺铒光纤放大器的广泛应用已经极大地提高了光通信系统的带宽和传输距离，然而伴随着互联网的普及产生的信息爆炸式增长，对作为整个通信系统基础的物理层提出了更高的传输性能要求。目前，10 Gbit/s及以下速率的光纤通信系统都是采用IM-DD的方案，直接检测方式的缺点是在接收端丢失了信号的相位信息，接收机无法对线路上的各种线性损伤进行有效的补偿，只能在线路上通过光学的手段进行补偿。对于40 Gbit/s和100 Gbit/s系统，一般在50GHz间隔实现长距离传输，特别是对于100 Gbit/s系统，需要采用高阶调制编码和偏振复用的方式，因此采用直接检测的方法很难恢复出原始的信号，必须采用具有相干检测的相干光通信系统。

（一）相干光通信系统的构成和原理

相干光通信的工作过程为：在发送端，采用间接调制或者直接调制方式将信号以调幅、调相、调频等方式调制到光载波上，经过光纤传输到接收端。当信号光传输到达接收端时，首先经耦合器与本振光合路，再进入光检测器，与本地光振光信号进行光电混频；光检测器输出的混频后的电信号经过电信号处理单元选出本振光和信号光的差频信号（也称中频）。根据差频的大小，可以将相干接收技术分为三大类，分别是零差相干接收、外差相干接收和内差相干接收。

当差频为零时，称为零差接收。由于零差接收需要用到光锁相环技术，且这一技术较为复杂，零差相干接收没有在实际的高速光传输系统中应用。

当差频大于基带信号的频宽时，接收称为外差相干接收。在外差接收中，差频为中频信号，它携带了要传输的信号的信息，在电信号处理单元经过对差频信号进行中频放大、解调等步骤，恢复出要传输的信号。由于差频大于基带信号的频宽，使得后续处理电路的频率要求较高。一般要求差频为基带频宽的3倍以上，对于超高速光纤系统来说，目前的技术还无法实现。

当差频小于基带信号的频宽时，接收称为内差相干接收。这也是相干40 Gbit/s系统和100 Gbit/s系统中普遍采用的接收方案。此时差频大小为吉赫兹量级，小于基带信号的频宽。

（二）相干光通信技术的主要特点

相干光通信系统与IM/DD系统相比，具有更好的接收灵敏度，而且相干检测保留了信号的相位信息，使得后续采用数字信号处理技术实现电域补偿和均衡成为可能，是100 Gbit/s及更高速率传输的必然选择。这一技术具有以下独特的优点。

1. 灵敏度高，中继距离长

相干光通信的一个最主要的优点是进行相干探测，从而改善接收机的灵敏度。在相干光通信系统中，经相干混合后输出光电流的大小与信号光功率和本振光功率的乘积成正比。在相同的条件下，相干接收机比普通接收机提高灵敏度约20 dB，可以达到接近散粒噪声极限的高性能，因此也增加了光信号的无中继传输距离。

2. 频率选择性好，通信容量大

相干光通信的另一个主要优点是可以提高接收机的频率选择性。在相干外差探测中，探测的是信号光和本振光的混频光，只有在中频频带内的噪声才可以进入系统，而其他噪声均被带宽较窄的微波中频放大器滤除。此外，由于相干探测优良的频率选择性，相干接收机可以使频分复用系统的频率间隔大大缩小，即DWDM，取代传统光复用技术的大频率间隔，具有以频分复用实现更高传输速率的潜在优势。

3. 具有多种调制方式

在传统的IM/DD光通信系统中，只能使用强度调制方式对光进行调制。而在相干光通信中，除了可以对光进行幅度调制外，还可以使用PSK、DPSK、QAM等多种调制格式，虽然增加了系统的复杂性，但是相对于传统光纤通信系统可以实现更高传输速率，同时可以提高频带利用率。

4. 可以使用电域的均衡技术来补偿光纤中的色散效应和非线性效应

相干检测可以保留信号的所有信息，因此可以通过后续的算法实现对光信号的均衡和相位估计。对于CD、PMD和非线性损伤，均可以在电域通过算法进行补偿。

（三）相干光通信技术中的关键技术

实现相干光通信系统涉及一系列技术问题，主要有以下关键技术。

1. 窄线宽的半导体激光器

相干光纤通信系统中对信号光源和本振光源的要求比较高，它要求光谱线窄、频率稳定度高。光源本身的谱线宽度将决定系统所能达到的最低误码率，应尽量减小。

2. 接收技术

相干光通信的接收技术包括两部分：一部分是光的接收技术，另一部分是中频之后的各种制式的解调技术。解调技术实际上是电子的ASK、FSK和PSK等的解调技术。在光的接收技术中，主要有平衡接收、偏振分集接收和相位分集接收。

3. 偏振控制技术

相干光通信系统接收端必须要求信号光和本振光的偏振同偏，才能取得良好的混频效果，提高接收灵敏度。信号光经过单模光纤长距离传输后，偏振态是随机起伏的，为此，人们提出了很多方法，如采用保偏光纤、偏振控制器和偏振分集接收等方法。

三、光偏振复用系统

在标准单模光纤中，传输的基模是由两个相互正交的偏振模式构成。在同一波长信道中，通过对光的两个相互正交的偏振态进行调制，可以同时传输两路独立数据信息，从而使系统总容量加倍，并提高系统的频谱利用率。光偏振复用（PDM）系统可以在不额外占用系统频谱资源的情况下，使每个波长信道的传输速率提高一倍，而且PDM和现有的WDM系统具有很好的兼容性。除此以外，PDM技术还可以采用各种新型调制编码，以及相干检测技术。

根据PDM系统的解复用技术，PDM可以分为直接检测PDM系统和相干检测PDM系统。直接检测系统主要是通过在接收端实时、动态地跟踪到达信号的偏振态，并反馈给在接收机前的自动偏振控制器，从而将两个正交偏振态信道上的信号进行分离。这一部分包括了偏振控制器（PC）、偏振分束器（PBS）、信号偏振态获取/跟踪部分、反馈回路等。

相干检测PDM系统不需要动态跟踪接收信号的偏振态，它是将相干检测技术和数字信号处理（DSP）技术相结合，通过DSP算法来完成正交偏振态信道信号的解复用。相干检测PDM系统一方面可以提高接收机的灵敏度，另一方面可以通过DSP算法实现对CD、PMD、非线性损伤等进行补偿。因此，PDM技术是实现单波长信道超100 Gbit/s传输系统中的关键技术之一。

四、其他高性能光纤通信系统

光纤传输容量的提升与单波长传输速率紧密相关，从单波长的传输速率角度来看，其经历了从10 Gbit/s、40 Gbit/s到100 Gbit/s的发展过程，并正向400 Gbit/s、1 TGbit/s方向迈进。单波长超400 Gbit/s系统的研究多采用多信道（子载波）复用系统，此时传输速率的提升主要从以下两个方面考虑：

（1）增大单信道的基本传输比特率。

（2）增大复用的信道数。

增大单信道的基本传输比特率可以采取的有效手段是采用光时分复用技术或者是更高级的调制方式。由于应用于光时分复用系统中的很多关键性器件仍处于实验研发阶段，使得OTDM技术发展相对滞后，但光时分复用技术在高速光通信系统中有非常好的应用前景。

增大复用的信道数，可以通过减小复用信道间的频率间隔，使信道复用更为密集来达到，这可从两个方面改进和突破：一是在每个信道内采用频谱利用率更高的调制方式，限制信号频谱带宽，缩小信道频率间隔；二是采用能缩小信道频率间隔的信道复用方法，如正交频分复用、奈奎斯特波分复用、超奈奎斯特波分复用等技术方法。

光纤通信系统中高速信号的传输正在采用多种复用技术，如波分复用、时分复用、偏振复用以及振幅-相位正交复用等，人们认为单模光纤的传输潜力已经逼近非线性仙农容限，需要采用新的复用方式以实现信道容量的有效增长。频率、时间、偏振、正交调制等复用维度均已被应用，最后一个还没有被利用的光纤通信物理维度就是空间维度。因此，空分复用技术被认为是下一代的复用技术，可以大幅提高光纤通信系统的系统容量。空分复用包含多芯复用和模式复用。

（一）光时分复用系统

光时分复用（OTDM）技术是提高每个波道上传输信息容量的一个有效的途径。电时分复用（ETDM）技术在电子学通信领域已经是相当成熟的技术。由于受电子速度、容量和空间兼容性等多方面的局限，ETDM复用速率不能太高，达到40 Gbit/s已相当困难了。OTDM的原理与ETDM一样，不同的仅是复用在光层上进行，复用速率可以很高。

1. OTDM系统构成

OTDM是指在光上进行时间分割复用，当速率低的支路光信号在时域上分割复用成高速OTDM信号时，应有自己的帧结构，每个支路信号占帧结构中的一个时隙，即一个时隙信道。存在两种形成帧的时分复用方式：比特间插和信元间插，信元间插也称为光数据包复用。比特间插复用是使用较为广泛的复用方式。

在这一系统中，超短光脉冲光源作为整个系统的光源，经过光分路器分成N束，各支路信号被调制在光源产生的光脉冲上。超短光脉冲光源的脉冲宽度要求在数十或数百飞秒量级，且必须没有或极低啁啾、低抖动和稳定。比较成熟的高重复速率超短脉冲光源主要有两类：半导体超短光脉冲源与锁模光纤激光器。

在接收端首先恢复光时钟信号。光时钟的恢复有多种方法，如利用锁模激光器的光注入锁定的方法，将入射光信号注入半导体外腔激光器或光纤环激光器中，引入幅度或相位调制而产生锁模，可在接收端全光恢复位时钟或帧时钟。

接收端的光时分解复用器为一个光控高速开关，在时域上将支路信号分开，分别送入接收端的接收机。高速光开关在逻辑上可以是一个全光的与门或者电/光脉冲控制的开关器件。

2. OTDM技术特点

第一，系统可以工作在单波长状态，具有很高的速率带宽比，可以有效地利用光纤的带宽资源。特别是和WDM技术相结合，可以联手实现超长距离、超大容量的光纤传输。

第二，OTDM技术可以克服WDM技术中的一些固有限制，如光放大器级联导致的增益谱不平坦、信道串扰问题、非线性效应的影响以及对光源波长稳定性的要求等。

第三，OTDM技术能够提供从兆赫兹到太赫兹任意速率等级的业务接入，对数据速率和业务种类具有完全的透明性和可扩展性，无须集中式资源分配和路由管理，比WDM技术更能满足未来超高速全光网络的需求。

从目前的研究情况看，OTDM的一个发展方向是研究更高速率的系统，从40 Gbit/s、80 Gbit/s，直到640 Gbit/s的传输系统。从传输的角度来看，实现OTDM需要解决的关键技术主要有：高重复率超短光脉冲源；超短光脉冲的长距离传输和色散抑制技术；时钟恢复技术；时分复用技术；帧同步及路序确定技术。

可以预测，随着全光处理技术、光逻辑技术和光存储技术的成熟，OTDM最终将会成为光纤通信技术中的主流技术。

（二）空分复用和模分复用系统

光纤通信中的空分复用（SDM）的概念是源自无线通信。实现方法是利用多芯光纤或者多模光纤在空间上的自由度来复用多路信道，目的在于解决单模光纤的容量瓶颈。特别地，利用多模光纤实现空间复用被称为模分复用（MDM）。

SDM系统利用支持多个光纤模式或者支持多个纤芯的SDM光纤作为传输介质，容量提高的多少与模式数或纤芯数成正比。可以用在SDM系统中的光纤有少模光纤（FMF）、多模光纤（MMF）、多芯光纤（MCF）、环芯光纤（RCF）、MCF-MMF混合光纤和光子晶体光纤（HCF）。

根据使用的传输介质进行分类，SDM系统主要分为：

（1）基于单模光纤束/带系统，通过降低支撑材料和改变光纤的排布方式实现多根单模光纤的紧凑排布。

（2）基于多芯光纤系统，光纤纤芯仍可单模传输，多个纤芯共用包层，通过设计尽可能减少纤芯之间串扰；也可实现多芯光纤和少模光纤结合的多芯少模光纤。

（3）基于少模/多模光纤的系统，利用少模/多模光纤中的不同模式承载不同的信号以提升传输系统的容量。

SDM光纤中的每个纤芯或每个光纤模式作为独立的传输信道，因此SDM光纤通信系统在系统结构上不同于单模光纤通信系统。SDM系统的传输光纤采用了多芯光纤。MDM系统的传输介质是少模光纤，相比单模传输系统，MDM系统在发射端和接收端增加了模式复用器/解复用器，将N个单模信道上的信号复用到少模光纤的N个模式信道上，或将少模光纤中；N个模式信道上的信号解复用到N个单模光纤中。各个模式信道在少模光纤中传输时，通常存在着不同程度的模间串扰，其中简并模之间的串扰很难避免，因此在接收端通常要用多输入多输出（MIMO）技术将所有模式解出来。

大容量SDM/MDM系统通过使用多路空间信道实现传输容量的成倍提升，但是相应使用的光器件和电器件数量也成倍增长，由此使得系统的体积和功耗大幅度增长。由于实际线路敷设的光纤为单模光纤，不能够支持SDM/MDM系统，因此系统的实用需要敷设新的光纤以实现系统和网络的升级。

（三）光孤子通信系统

对于常规的线性光纤通信系统而言，限制其传输容量和距离的主要因素是光纤的损耗和色散。随着光纤制作工艺的提高，光纤的损耗已接近理论极限，因此光纤色散成为实现超大容量光纤通信亟待解决的问题。光纤的色散，使得光脉冲中不同波长的光传播速度不一致，结果导致光脉冲展宽，限制了传输容量和传输距离。由光纤的非线性所产生的光孤子可抵消光纤色散的作用，因此，利用光孤子进行通信可以很好地解决这个问题，它是一种很有前途的通信技术，是实现超大容量、超长距离通信的重要技术之一。它是靠不随传输距离而改变形状的一种相干光脉冲来实现通信的，这里的相干光脉冲即是光孤子（Soliton）。

研究工作表明，当进入纤中的光功率较低时，光纤可以认为是线性系统，其折射率可以认为是常数；当使用大功率、窄脉冲的光源耦合进光纤时，光纤的折射率将随光强的增加而变化，产生非线性效应。

光纤中的孤子是光纤色散与非线性相互作用的产物，服从非线性薛定谔方程（NLSE），受光纤线性与非线性的支配。光纤的群速色散（GVD）使孤子脉冲在传输过程中不断展宽；光纤损耗亦使脉冲按指数展宽，且幅度衰减。光纤的非线性则使脉冲压缩。光纤中孤子是色散与非线性相互作用达到平衡时的产物，两者共同对光脉冲的作用结果是使光脉冲在传输中保持形状不变。所以光纤特性对光孤子的形成、传输演变特性与通信能力有决定性的影响，是支撑光纤孤子通信的决定性因素。

光纤孤子通信系统的基本构成与一般光纤通信系统大体相似，其主要差别在于光源应为光孤子源，光放大器代替光/电/光中继器。此外，由于信号速率较高，多采用外调制器。由光孤子源产生一串光孤子序列，即超短光脉冲，电脉冲通过外调制器将信号载于光孤子流上，孤子流经光放大器放大后送入光纤进行传输。长距离传输途中需经光放大器将信号进行中继放大，以补偿光脉冲的能量损失，同时还需平衡非线性效应与色散效应，最终保证脉冲的幅度与形状的稳定不变。在接收端通过高速光检测器及其他辅助装置将信号进行还原。

光纤孤子通信系统中的关键器件是光孤子源。理论证明，光孤子源发出的光孤子应具有双曲正割型或高斯型的轮廓，输出功率大，应是无啁啾的，并且稳定性要好。光孤子激光器种类有多种，如半导体增益开关激光器、色心激光器、锁模激光器等。光纤孤子通信系统中的光中继放大可以采用EDFA和RAMAN放大器补偿光纤损耗，实现光孤子长距离"透明"传输。系统传输使用的光纤主要是常规的G.652光纤、色散位移光纤等。

光纤孤子通信是一种非线性通信技术，依靠光纤的非线性和色散特性，实现传输过程中畸变光信号的分布式自整形，是实现高速长距离与超高速中短距离全光通信的理想方案。

第五节　光网络技术

一、光传送网技术

随着社会经济的发展，人们对信息的需求急剧增加，信息量呈指数增长，通信业务也从电话、数据向视频、多媒体等宽带业务发展，对通信节点的交叉调度能力提出了新的要求。传统的光同步数字传送网（SDH）方案存在交叉粒度小、节点容量有限、业务指配处理复杂等局限性，难以发挥WDM传输的带宽优势，进一步的发展方向是更为灵活、具备大带宽和多颗粒度业务交换能力的新型传送网技术，从而满足超高速多业务的接入和交叉调度功能需求，光传送网（OTN，Optical Transport Network）应运而生。

（一）光传送网基本结构

光传送网（OTN）是一种以波分复用和光通路技术为核心的新型通信网络传送体系，它由通过光纤链路连接的光分插复用、光交叉连接、光放大等网关设备组成，对承载客户信号的光通路实现传送、复用、交换、管理、监控和生存性的功能。完整的OTN包含光层和电层。在光层，OTN可以实现大颗粒的处理，类似于WDM系统；在电层，OTN使用异步的映射和复用。OTN技术在实现与WDM同样充足带宽的前提下，具备和SDH一样的组网能力，同时克服了以虚容器调度为基础的SDH传送网扩展性和效率方面的明显不足，提供了一种用于管理多波长、多光纤网络带宽资源的经济有效的技术手段。与其他类型的传送网络相比较，OTN可综合利用电层交叉与光层交叉的优势，具有吞吐量大、透明度高、兼容性好和生存能力强等特点，成为面向新一代高速率通信网络重要的统一光传送平台技术，代表了大容量多业务统一承载的发展方向，是国家宽带网络基础设施建设的关键，具有极其广阔的应用前景和市场潜力。光传送网的各层功能如下：

1. 光通道（OCh）层网络

OCh层主要负责为各种不同格式的客户信号提供透明的端到端的光传输通道，提供包括路由选择、波长分配、光信道连接、交叉调度、信道检测及管理、资源配置以及光层保护与恢复等功能。例如，利用光通道层的重新选路或切换至保护路由功能以保证网络路由的灵活性；通过处理光通道层开销，保证光信号适配信息的完整性；实现光通道层的管理、检测、操作、维护等运维功能。

OCh层通过光通道路径实现接入点之间的数字客户信号传送，其特征信息包括与光通道连接相关联并定义了带宽及信噪比的光信号和实现通道外开销的数据流。OCh层的终端包括路径源端、路径宿端、双向路径终端三种方式，主要实现OCh连接的完整性验证、传输质量的评估、传输缺陷的指示和检测等功能。

光通道层在具体实现时进一步划分为三个子层：光净荷单元（PU）子层、光数据单元（ODU）子层和光传送单元（OTU）子层。其中后两个子层采用数字封装技术实现。

2. 光复用段（OMS）层网络

OMS层支持波长复用，以信道的形式管理相邻两个波长复用设备间多波长复用光信号的完整传输，提供包括波分复用、复用段保护和恢复等功能。例如，为灵活的多波长网络选路安排光复用段层功能；通过处理光复用段层开销，保证多波长复用光信号适配信息的完整性；实现光复用段层的管理、检测、操作、维护等运维功能。

OMS层网络通过OMS路径实现光通道在接入点之间的传送，其特征信息包括OCh层适配信息的数据流和复用段路径终端开销的数据流，采用n级光复用单元OMU-n表示，其中n为光通道个数。光复用段中的光通道可以承载业务，也可以不承载业务，不承载业务的光通道可以配置或不配置光信号。

3. 光传输段（OTS）层网络

OTS层负责为光信号在不同类型的光媒质（如G652、G653、G655光纤等）上提供传输功能，用来确保光传输段适配信息的完整性，同时实现光放大器或中继器的检测和控制功能。其中主要功能有：通过接入点之间光传输段路径为光复用段的信号在不同类型的光媒质上提供传输功能；实现光传输段层的管理、检测、操作、维护等运维功能。

OTS层网络通过OTS路径实现光复用段在接入点之间的传送。OTS定义了物理接口，包括频率、功率和信噪比等参数，其特征信息可由逻辑信号描述，即OMS层适配信息和特定的OTS路径终端管理/维护开销，也可由物理信号描述，即n级光复用段和光监控通路，具体表示为n级光传输模块OTM-n。OTS层网络的终端包括路径源端、路径宿端、双向路径终端三种方式，主要实现OTS连接的完整性验证、传输质量的评估、传输缺陷的指示和检测等功能。

OTN网络相邻层之间存在着客户/服务者关系，即每一层网络为相邻上一层网络提供传送服务，同时又使用相邻的下一层网络所提供的传送服务，具体如下。

光通道层/客户适配：光通道层与客户的适配过程涉及客户和服务者两个方面的处理过程，其中客户处理过程与具体的客户类型有关，可根据特定的客户类型（如SDH、以太网等）参考其标准进行处理。双向的光通道/客户适配功能是由源和宿成对的光通道/客户适配过程来实现的，其中光通道层/客户适配源在输入和输出接口之间进行的主要处理过程包括：产生可以调制到光载频上的连续数据流，对于数字客户适配过程包括扰码和线路编码等处理，产生和终结相应的管理和维护信息。光通道层/客户适配宿在输入和输出接口之间进行的主要处理过程包括：从连续数据流中恢复客户信号，对于数字客户适配过程包括时钟恢复、解码和解扰等处理，产生和终结相应的管理和维护信息。

光复用段/光通道适配：双向的光复用段/光通道适配功能是由源和宿成对的光复用段/光通道适配过程来实现的。其中光复用段/光通道适配源在输入和输出接口之间进行的主要处理过程包括：通过指定的调制机制将光通道净荷调制到光载频上，给光载频分配相应的功率并进行光通道复用以形成光复用段，产生和终结相应的管理和维护信息。光复用段/光通道适配宿在输入和输出接口之间进行的主要处理过程包括：根据光通道中心频率进行解复用并终结光载频，从中恢复光通道净荷数据，产生和终结相应的管理和维护信息。

光传输段/光复用段适配：双向的光传输段/光复用段适配功能是由源和宿成对的光传输段/光复用段适配过程来实现的。其中光传输段/光复用段适配源在输入和输出接口之间进行的主要处理过程包括：产生和终结相应的管理和维护信息。光传输段/光复用段适配宿在输入和输出接口之间进行的主要处理过程包括：产生和终结相应的管理和维护信息。

（二）光传送网主要特点

OTN综合了SDH的灵活性和WDM的带宽可扩展性，其特点主要体现在以下几个方面。

1. 分层化的光电融合

随着网络所需的电路带宽和业务颗粒度的不断增大，SDH已难以满足传送要求，迫切需要在WDM基础上实现类似SDH的子波长/波长调度能力，支持对GE、10GE、40G等大颗粒业务的端到端传送与高效提供，降低网络建设成本。而OTN既包含了光层网络，又包含了电层网络。从电域的角度看，OTN保留了许多SDH的优点，OTN不仅可以进行大数据业务透明传输，而且还具有多域网络和级联监视多层等功能。从光域的角度看，OTN可以提供子波长/波长的多层面调度，使OTN网络实现更加精细的带宽管理，提高调度效率及网络带宽利用率，满足客户不同容量的带宽需求，增强网络带宽的运营能力。

2. 多业务信号封装与透明传送

OTN一个重要出发点是子网内的全光透明性，仅在子网边界处采用光/电/光技术。OTN按照信号的波长来进行信号处理，因此，它对子网内传送的信号的传输速率、数据格式及调制方式完全透明，这意味着光传送网不仅可以透明传送SDH、IP、以太网、帧中继和ATM等客户信号，而且完全可以透明传送后续使用的新的数字业务信号。

3. 端到端维护管理

在OTN网络中，原本由SDH完成的电路组网、性能维护与管理等功能将主要由WDM承担。OTN定义了丰富的开销字节，使WDM具备同SDH一样灵活的运维管理能力。光层采用G.709标准接口，增进了互联互通。尤其是多层嵌套的串联连接监视（TCM）功能，支持跨越多个管理域或网络的端到端性能监控和管理，可实现嵌套、级联等复杂网络的监控，显著提高了OTN传送网的可维护性。

4. 快速、可靠的保护恢复

IP层保护技术的发展将直接挑战传送层的保护技术，路由器集成彩色光口的组网模式在一定程度上限制了光层组网的灵活性和可管理性。OTN融合了L1和L2的交换与保护功能，基于OTN交换的WDM设备可以实现波长/子波长的快速保护恢复，提高了对IP业务的承载效率和组网生存能力。

5. 从点对点传输到动态联网

单纯的WDM系统只是一种光纤传输技术，不涉及组网方案。OTN在WDM基础上引入了面向大颗粒业务的节点交换能力，支持传送网由简单的点对点传输方式转向光层联网方式，以改进组网效率和灵活性。同时，OTN可有效满足控制平面技术的加载需求，实现端到端、多层次的动态灵活联网。

6. 支持信息的频率同步、时间同步传输

OTN通过同步以太实现频率同步，通过IEEE 1588V2实现时间同步功能，从而向下游业务平台提供各种同步信息服务。而这一特性对于5G移动通信等对同步要求较高的场景非常重要。

（三）光传送网关键技术

OTN技术体制既包含电域的处理部分，也包含光域的处理部分，是一种光电有机融合的网络技术。

1. 分层技术

OTN采用分层结构，不仅继承了SDH网络的分层概念，而且对其进行了进一步的拓展。对比原有的SDH网络分层结构可以看出，OTN分层相当于在不改变电域内分层结构的基础上对光层进行了拓展，使其光层具有数据传输、信号复用、线路选择、数据传输监控等功能。

OTN结构分为三层体系，分别为光通道层、光复用段层以及光传输段层。为进一步提升网络的透明性、可靠性和兼容性，OTN还对光通道层进行了单元和功能划分，包括光净荷单元OPUk、光数据单元ODUk以及光传送单元OTUk，并为每一数据帧分配了相对独立的开销字节，以便更好地提供数据管理服务。而光净荷单元OPUk、光数据单元ODUk以及光传送单元OTUk是在电域上进行处理和组装的，只有加入FEC形成完整的OTUk后，才送入光层完成后续操作。

2. 串联连接监测技术

串联连接监测技术（TCM）可以为OTN网络提供多达六级的连接监视

服务，基于该服务，运营商或者设备商可以实现对OTN网络的分段、分级管理。OTN网络下的TCM监测点可依照应用与监测需求被设置在不同位置，其使能状态也可以得到有效控制与管理，相较于SDH网络而言，其所能提供的故障定位服务更加快速，业务服务质量更好。同时，OTN网络内的TCM还可以支持多种连接方式，如嵌套、串联、重叠等，以满足不同的应用需求，增强整个网络的监控能力。

运用OTN的TCM功能能够支持如下应用：光用户到网络接口（DNI）TCM，监测经过公共传送网的ODUk连接（从公共网络的入口到出口）；光网络到网络接口（NNI）TCM，监测经过一个网络运营商的网络的ODUk连接（从网络运营商的网络的入口到出口）；基于TCM所探测到的信号失效和信号裂化，能够在子网内部触发1+1，1：1或1：N等各种方式的光通道子网连接保护切换，也可实现光通道共享保护环的保护切换；运用TCM功能可进行故障定位，及验证业务质量（QoS）。

3. 网络保护技术

随着线路速率的提升，光传送网络中保护机制显得更为重要。OTN网络的保护分为两种类型，即线性保护和环网保护。

二、分组传送网技术

传统的承载网技术越来越难以满足多业务承载和灵活调度的要求。例如，SDH及扩展技术（如多业务传送平台MSTP）采用较为刚性的管道承载分组业务，统计复用效率不高，业务调度不灵活；而OTN技术的交换颗粒度太大，无法直接用于分组业务的传送；传统以太网缺乏有效的QoS保证、保护恢复机制、端到端OAM保障，不适合高质量业务的承载；MPLS技术则包含了网络层（Layer 3）的协议和机制，处理机制和实现都较为复杂，处理时延较大且成本较高。另外，由于SDH/MSTP、以太网交换机、路由器等多个网络分别承载不同业务并各自维护，也难以满足多业务统一承载和降低运营成本的发展需求。因此，随着网络IP/数据业务不断急速增加研究设计适合高带宽、高利用率、高可靠性和灵活调度的承载网技术是网络发展的必然选择。

分组传送网（PTN，Package Transport Network）是基于分组、面向连接的

多业务统一传送技术，不仅能较好承载电信级以太网业务，还可以支持TDM业务、ATM业务和IP业务，满足了标准化业务、高可靠性、灵活拓展性、严格QoS和完善QAM5个基本属性。PTN基于分组的架构，继承了SDH/MSTP的分层设计理念，融合了以太网和MPLS的优点并删减了其中不必要的机制，具有面向连接、支持电信级OAM、快速保护恢复等诸多优点；它在较好地承载电信级以太网业务的同时，兼顾传统TDM业务的传送。与其他技术相比，PTN不仅继承了传统传送网面向连接的特性，还具备高效带宽管理能力。

（一）分组传送网基本架构

PTN主要分为虚通道层、虚通路层和虚段层，其具体功能划分如下。

1. 虚通道层

PTN的虚通道层网络可提供点到点、点到多点、根基多点和多点到多点的分组传送网络业务，这些业务通过PTN VC连接来提供，VC连接承载单个客户业务实例。PTN VC层网络提供了OAM功能来监视客户业务并触发VC子网连接（SNC）保护。

对采用MPLS-TP技术的PTN，VC层主要采用点到点或点到多点的伪线（PW）。

2. 虚通路层

PTN的虚通路层网络是分组传送路径层，通过配置点到点和点到多点PTN虚通路（VP）来支持PTN VC层网络。其中点到点PTN VC是通过点到点PTN VP分组传送路径来支持的，在PTN网络的边缘起始和终结，这些点到点VP传送路径承载两个PTN节点之间的一个或多个PTN VC信号；再点到多点PTN VC是通过点到多点的PTN VP分组传送路径来支持的，在PTN网络的边缘起始和终结，这些点到多点VP传送路径承载两个以上PTN节点之间的一个或多个PTN VC信号。

对采用MPLS-TP技术的PTN，VP层采用点到点或点到多点的LSP。

3. 虚段层

PTN的虚段层网络提供监视物理媒介层的点到点连接能力，并通过提供点到点链路来支持PTN VP和VC层网络。这些点到点链路以及物理媒介层监视是通过点到点PTN VS路径来实现的，它一般与物理媒介层的连接具有相同的起始和终结点。这些链路在传送网络节点之间承载一个或多个PTN VP或PTN VC层信号。

PTN网元是构建PTN网络的重要组成部分。一个PTN网元通常由传送平面、管理平面和控制平面共同构成，一般具备以下基本功能。

（二）分组传送网主要特点

PTN以分组业务为核心并支持多业务提供，同时继承光传输的传统优势，其主要特征体现在灵活的组网调度能力、多业务传送能力、全面的电信级安全性、便捷的OAM和网管、具备业务感知和端到端业务开通管理能力、完善多样的保护恢复能力、传送单位比特成本低等。主要技术特点如下。

1. 面向连接的多业务分组转发

采用面向连接的分组转发技术，基于分组交换内核。分组转发基于标签机制实现，支持多业务传送，并为多种业务提供差异化的服务质量（QoS）保障。PTN支持双向点到点的分组传送路径及其流量工程控制能力，也可以支持单向点到多点的分组传送路径及其流量工程控制能力。

2. 可靠的网络保护机制

支持基于OAM和网管命令来触发分组传送路径的保护倒换，并可应用于PTN的各个网络分层和各种网络拓扑。传送平面的分组转发、保护倒换动作应独立于控制平面或管理平面；若控制或管理平面配置的分组传送路径失败，传送平面仍能正常执行分组转发、OAM处理和保护倒换等功能。

3. 完善的分组OAM管理机制

具有完善的PTN网络内OAM故障管理和性能管理功能，支持对以太网、TDM等业务的OAM故障管理和性能管理功能；支持通过管理平面对网络进行静态配置操作的能力，网管的静态配置应不依赖于任何控制平面元素（即不使用任何控制平面的协议），包括业务配置和对OAM、保护等功能的控制。

4. 简化的数据转发操作

MPLS-TP的分组转发、OAM和保护处理不依赖于IP转发，因此数据处理效率较IP转发高。

5. 高精度的时间同步能力

支持同步以太网功能，实现稳定可靠的频率同步；支持IEEE 1588-v2功能，实现高精度的时间同步。

（三）分组传送网关键技术

PTN主要面向多业务高质量的分组传送，其关键技术包括多业务承载技术、面向分组的保护技术、OAM技术、QoS技术和分组同步技术。

1. 多业务承载技术

PTN的多业务承载技术是将分组交换和业务处理相分离，在外层线卡提供对不同业务的处理功能，在内层将与业务处理无关的业务交换功能集中于统一的通用交换板上。通用交换结构通过统一的传送平台简化网络，运营商可以根据不同业务需求灵活配置不同业务的容量，从而灵活承载IP、ATM、TDM等多种业务类型。

PTN的多业务承载均采用面向连接LSP分组转发机制，基于MPLS-TP的PTN网络支持二层以太网业务、TDM业务、ATM业务和IP业务的接入和承载。

2. 面向分组的保护技术

PTN对于业务的中断和恢复时间比传统数据网络的时间要求更为严格，通常情况下都要求达到50 ms的倒换时间要求。PTN的保护分为网络内的保护、网络间的接入链路保护、双归保护三类。

3. OAM技术

PTN提供基于硬件处理的OAM功能，定义了丰富的OAM帧来完成故障管理、性能检测和保护倒换。PTN借鉴了SDH的分层架构，通过设定传送通道、传送通路、传送段等不同层次的OAM机制，对PTN进行分层监控，实现快速故障检测和故障定位。同时结合接入链路OAM机制和业务层OAM机制，实现网络端到端的电信级管理维护。PTN的OAM功能包括PTN内OAM机制、PTN业务层OAM机制以及接入链路层的OAM机制等。

4. QoS技术

PTN的QoS技术是指针对网络中各种业务应用的不同需求，为其提供不同的服务质量保证，如丢包率、延迟、抖动和带宽等，以实现同时承载数据、语音和视频业务的综合网络。由于PTN以承载分组业务为主，因此采用了大量的分组业务处理技术，并实现相应功能。

（1）流分类和流标记功能

流分类功能是按照一定规则，对业务流进行分类，流标记是对流分类后的报文设置PTN网络内的服务等级和优先级标记，以实现不同业务的QoS区分。

（2）流量监管功能

流量监管是流分类后采取的动作，对业务流进行速率限制，以实现对每个业务流的带宽控制。

（3）流量整形功能

经过队列调度后的报文通过漏桶机制完成流量整形功能，对各个优先级的流量进行限制，对超出流量约定的分组进行缓冲，并在合适的时候将缓冲的分组发送出去，从而起到流量整形的目的，使报文流能以均匀的速率发送；对每个业务流进行流量整形，有助于降低下游网元由于突发流量导致的业务丢包率。

（4）连接允许控制功能

对业务配置的CIR、EIR等带宽参数进行合法性检查，确保不同业务流配置的带宽参数不会超过出口带宽，或超过上一级通道的带宽配置，无法满足的业务带宽参数请求将被拒绝。

（5）拥塞管理功能

通过尾丢弃或加权随机早期探测（RED，RandOm Early Detection）丢弃，以缓解网络拥塞。

（6）队列调度功能

当报文到达网络设备接口的速度大于接口的发送能力时，采用队列调度机制来解决拥塞，实现对拥塞时的报文疏导。

5. 分组同步技术

PTN时间同步是基于IEEE 1588精确时间协议，采用主从时钟，对时间进行编码传送，利用网络链路的对称性和实验测量技术实现同步功能。其中，PTN网络承载电路仿真业务（CES）时，需提供业务时钟的透明传送，保证发送端和接收端业务时钟具有相同的、长期的频率准确度。一般分组网络具有以下4种CES业务时钟恢复方式。

（1）网络同步法

全网处于同步运行状态，业务两端均使用可溯源到全国基准时钟（PRC）的网络时钟作为业务时钟。在这种时钟恢复方式下，业务时钟不透明。

（2）自适应法

基于分组包到达的间隔或缓存区的填充水平来恢复定时。这种方式能够保证业务时钟透明，对外部参考时钟没有要求。

（3）差分法

对业务时钟和参考时钟的偏差进行编码并在分组网络中进行传送，业务时钟在远端通过使用相同的参考时钟进行恢复；这种时钟恢复方式能够保证业务时钟透明，但要求收发端能获取公共的参考时钟。

（4）环回定时法

两端业务设备能够直接获取参考时钟，分组网络的TDM侧均从业务码流获取时钟用于发送业务信号，无须分组网络恢复时钟，主要用于试验环境，实际网络应用较少。

三、频谱灵活光网络技术

经典OTN的光层交换中大多采用波长路由技术，波长路由技术基于传统WDM技术，即以波长通路为基本单位进行选路，实现端到端的全光连接。在带宽分配与性能管理上，波长路由光网络采用"一刀切"（one-SiZe-fits-all）模式，即通道间隔、信号速率与格式等参数都是固定不变的，导致网络灵活性不高、带宽浪费严重、功耗效率低下。究其原因是缺少光层带宽调整、性能监测与调节、动态网络控制和管理的能力。为适应未来大容量、高速率的传送需要，必须从技术上寻求提高资源整体利用率的解决方案。

为了更好地利用频谱资源和更为有效地承载超波长带宽业务，针对WDM缺乏带宽灵活性的问题，研究人员提出了带宽可变（BV，Band width-Variable）的光收发技术和带宽可变的光交叉技术等频谱灵活光网络技术，其核心是从固定栅格向灵活栅格技术转变。

在频谱灵活光网络中，频谱资源被进一步细化分割。现有的WDM网络架构中符合ITU-T标准固定波长栅格被进一步细分为更窄小的频谱单元，这些窄小的频谱单元被称为频率隙（FSs，Frequency Slots）。与分组网络相比，频谱灵活全光交换是将可用频域上切分出最小粒度单元，并可根据业务需求分配一定数量的邻接频谱单元，从而实现根据用户需求和实际业务量大小动态有效地分配适合的频谱资源和配置相应的调制方式。

频谱灵活光网络架构包含两类节点，分别是由带宽可变的光收发机（BV-Transpcmder）组成的网络边缘节点和带宽可变的交换单元（BV-OXC）组成的网络的核心节点。其中，交叉节点由连续带宽可变的波长选择单元（BV-WSS）组成。通过该单元，可将不同路由上不重叠的任意带宽频率资源交换到任意指定输出光路上。同时，在网络边缘节点，带宽可变的光收发机可采用单载波调制方式（如QAM、QPSK）或复杂多载波调制方式（如O-OFDM）。

第五章　信号与信息处理技术原理

第一节　信息处理技术

一、信息处理技术发展史

人类很早就开始了信息的记录、存储和传输。在古代，信息存储的手段非常有限，有些部落通过口耳相授传递部落的信息，有些部落通过结绳记事存储信息。文字的创造、造纸术和印刷术的发明是信息处理的第一次巨大飞跃；电报、电话、电视及其他通信技术的发明和应用是信息传递手段的历史性变革，也是信息处理的第二次巨大飞跃；计算机的出现和普遍使用则是信息处理的第三次巨大飞跃。长期以来，人们一直在追求改善和提高信息处理的技术的过程，大致可划分为三个时期。

（一）手工处理时期

手工处理时期是用人工方式来收集信息，用书写记录来存储信息，用经验和简单手工运算来处理信息，用携带存储介质来传递信息。信息人员从事简单而烦琐的重复性工作，信息不能及时有效地输送给使用者，许多十分重要的信息来不及处理，甚至贻误战机。

（二）机械信息处理时期

随着科学技术的发展以及人们对改善信息处理手段的追求，逐步出现了机械式和电动式的处理工具，如算盘、出纳机、手摇计算机等，在一定程度上减轻了计算者的负担。后来又出现了一些较复杂的电动机械装置，可把数据在卡片上穿孔并进行成批处理和自动打印结果。同时，由于电报、电话的广泛应用，极大地改善了信息的传输手段，这次信息传递手段的革命，结束了人们单纯依靠烽火和驿站传递信息的历史，大大加快了信息传递的速度。虽然机械式处理比手工处理提高了效率，但没有本质的进步。

（三）计算机处理时期

随着计算机系统在处理能力、存储能力、打印能力和通信能力等方面的提高，特别是计算机软件技术的发展，使用计算机越来越方便，加上微电子技术的突破，使微型计算机日益商品化，从而为计算机在管理上的应用创造了极好的物质条件。信息处理时期经历了单项处理、综合处理两个阶段，现在已发展到系统处理的阶段。这样，不仅各种事务的处理达到了自动化，大量人员从烦琐的事务性劳动中解放出来，提高了效率，节省了行政费用，而且由于计算机的高速运算能力，极大地提高了信息的价值，能够及时地为管理活动中的预测和决策提供可靠的依据。与此同时，电子计算机和现代通信技术的有效结合，使得信息的处理速度、传递速度得到了惊人的提高，人类处理信息、利用信息的能力达到了空前的高度。今天，人类已经进入了所谓的信息社会。

二、现代信息技术

到了近代，随着社会经济的发展，不同地域的人与人之间交往活动增加，促进了信息技术的飞速发展。信息是人类的一种宝贵资源，大量、有效地利用信息是社会发展水平的重要标志之一。社会的进步将不断地发展，我们要用更有效的手段来传递信息和处理信息，从而促使人类文明社会更快地向前发展。

随着计算机和通信技术的发展与互相渗透，计算机网络逐渐普及起来。20世纪80年代，全球性的计算机网络——Internet逐渐建立起来。Internet使信息的交流不再受时间和空间的限制。与此同时，各种通信网络日渐发达，它们与互联网连接在一起，为我们的生活带来了极大的便利，人类的信息交流进入了一个崭新的时代。

现代信息技术是借助以微电子学为基础的计算机技术和电信技术的结合而形成的手段，对声音的、图像的、文字的、数字的和各种传感信号的信息进行获取、加工、处理、储存、传播和使用的能动技术。它的核心是信息学。现代信息技术包括ERP、GPS、RFID等，可以从ERP知识与应用、GPS知识与应用、EDI知识与应用中了解和学习。现代信息技术是一个内容十分广泛的技术群，它包括微电子技术、光电子技术、通信技术、网络技术、感测技术、控制技术、显示技术等。

信息技术是学习活动的认知工具，信息技术可以作为课程学习内容和学习资源的获取工具、作为情境探究和发现学习工具、作为协作学习和交流讨论的通信工具、作为知识建构和创作实践工具。要充分利用信息技术作为高级思维训练工具，信息技术的应用将从大家更多关注电脑、网络、网上学习的操作模式等，发展到利用信息技术培养的高级思维能力，构建知、情、意融合的高智慧学习体系。

第二节 数字信号及其处理

一、模拟信号和数字信号

信号可用于表示任何信息，如符号、文字、语音、图像等，从表现形式上可归结为两类：模拟信号和数字信号。模拟信号与数字信号的区别可根据幅度取值是否离散来确定。模拟信号指幅度的取值是连续的幅值可由无限个数值表示，时间上连续的模拟信号。时间上离散的模拟信号是一种采样信号，它是对模拟信号每隔时间进行一次采样所得到的信号，虽然其波形在时间上是不连续的，但其幅度取值是连续的，所以仍是模拟信号。数字信号指幅度的取值是离散的，即幅值被限制在有限个数值之内。二进制码就是一种数字信号，它受噪声的影响小，易于数字电路进行处理，所以得到了广泛的应用。

二、数字信号的特点

（一）抗干扰能力强、无噪声积累

在模拟通信中，为了提高信噪比，需要在信号传输过程中及时对衰减的传输信号进行放大，信号在传输过程中不可避免地叠加上的噪声也被同时放大。随着传输距离的增加，噪声累积越来越多，从而导致传输质量严重恶化。

对于数字通信，由于数字信号的幅值为有限个离散值，在传输过程中虽然也受到噪声的干扰，但当信噪比恶化到一定程度时，在适当的距离采用判决再生的方法，再生成没有噪声干扰的、和原发送端一样的数字信号，即可实现长距离、高质量的传输。

（二）便于加密处理

信息传输的安全性和保密性越来越重要，数字信号的加密处理比模拟信号容易得多。以语音信号为例，经过数字变换后的信号可用简单的数字逻辑运算进行加密、解密处理。

（三）便于存储、处理和交换

数字信号的形式和计算机所用信号一致，都是二进制代码，因此便于与计算机联网，也便于用计算机对数字信号进行存储、处理和交换，可使通信网的管理维护实现自动化、智能化。

（四）设备便于集成化、微型化

数字通信采用时分多路复用，不需要体积较大的滤波器。设备中大部分电路是数字电路，可用大规模或超大规模集成电路实现，因此体积小、功耗低。

三、模拟信号的数字化

当今社会已进入迅猛发展的信息化时代，对信息进行处理的核心设备是计算机，计算机只能识别由二进制0、1组成的数字信号，而现实生活中的信号大多是模拟信号，比如电压、电流、声音、图像等，这些信号只有转换成数字信号才能输入计算机进行处理。因而信息化的前提是实现模拟信号的数字化。把模拟信号转换为数字信号通常需要采样、量化和编码三个过程。

（一）采样

所谓采样就是每隔一定的时间间隔，抽取信号的一个瞬时幅度值，这就是在时间上将模拟信号离散化。模拟信号不仅在幅度取值上是连续的，而且在时间上也是连续的。要使模拟信号数字化，首先要对时间进行离散化处理，即在时间上用有限个采样点代替无限个连续的坐标位置，这一过程叫采样。采样后所得到的在时间上离散的样值称为采样序列。

（二）量化

采样把模拟信号变成了在时间上离散的采样序列，但每个样值的幅度仍然是一个连续的模拟量，因此还必须对其进行离散化处理，将其转换为有限个离散幅度值，最终才能用有限个量化电平来表示其幅值，这种对采样值进行离散化的过程叫作量化，其实质就是实现连续信号幅度离散化处理。

（三）编码

采样、量化后的信号变成了一串幅度分级的脉冲信号，这串脉冲的包络代表了模拟信号，它本身还不是数字信号，而是一种十进制信号，需要把它转换成数字编码脉冲，这一过程称为编码。最简单的编码方式是二进制编码。

四、数字信号处理系统

在实际生活中，我们遇到的信号大部分是模拟信号，如声音、图像等，为了利用数字系统来处理模拟信号，必须先将模拟信号转换成数字信号，在数字系统中进行处理后再转换成模拟信号。

第三节 文本信息处理

一、文本分类的整体特征

文本自动分类是分析待定文本的特征，并与已知类别中文本所具有的共同特征进行比较，然后将待定文本划归为特征最接近的一类并赋予相应的分类号。

文本分类一般包括文本预处理、文本特征提取、分类算法的选择、分类结果的评价与反馈等过程。

（一）文本预处理

任何原始数据在计算机中都必须采用特定的数学模型来表示，存在众多的文本表示模型，如布尔模型、向量空间模型、聚类模型、基于知识的模型和概率模型等。其中向量空间模型具有较强的可计算性和可操作性，得到了广泛的应用。经典的向量空间模型是20世纪60年代末提出的，并成功应用于著名的SMART系统，已成为最简便、最高效的文本表示模型之一。

向量空间模型的最大优点在于它在知识表示方法上的优势。在该模型中，文本的内容被形式化为多维空间中的一个点，并以向量的形式来描述，文本分类、聚类等处理均可以方便地转化为对向量的处理、计算。也正是因为把文本以向量的形式定义到实数域中，才使得模式识别和数据挖掘等领域中的各种成熟的计算方法得以采用，大大提高了自然语言文本的可计算性和可操作性。因此，近年来，向量空间模型被广泛应用在文本挖掘的各个领域。

对于基于向量空间模型的文本预处理，主要由四个步骤来完成：中文分词、去除停用词、文本特征提取和文本表示。

1. 中文分词

中文分词是对中文文本进行分析的第一个步骤，是文本分析的基础。现在的中文分词技术主要有以下几种：基于字符串匹配的分词技术、基于理解的分词技术、基于统计的分词技术和基于多层隐马尔可夫模型的分词技术等。

2. 去除停用词

所谓停用词是指汉语中常用到的"的""了""我们""怎样"等，这些词在文本中分布较广，出现频率较高，且大部分为虚词、助词、连词等，这些词对分类的效果影响不大。文本经中文分词之后，得到大量词语，而其中包含了一些频度高但不含语义的词语，比如助词，这时可以利用停用词表将其过滤，以便于文本分类的后续操作。

3. 文本特征提取

文本经过中文分词、去除停用词后得到的词语量特别大，由此构造的文本表示维数也非常大，并且不同的词语对文本分类的贡献也是不同的。因此，有必要进行特征项选择以及计算特征项的权重。

4. 文本的表示

文本的表示主要采用向量空间模型。向量空间模型的基本思想是以向量来表示文本：（W_1，W_2，W_3…W_i），其中W_i为第i个特征项的权重，特征项一般可以选择字、词或词组。根据实验结果，普遍认为选取词作为特征项要优于字和词组。因此，要将文本表示为向量空间中的一个向量，就首先要将文本分词，由这些词作为向量的维数来表示文本。最初的向量表示完全是0、1的形式，即如果文本中出现了该词，那么文本向量的该维数为1，否则为0。这种方法无法体现这个词在文本中的作用程度，所以逐渐被更精确的词频代替。词频分为绝对词频和相对词频，绝对词频即使用词在文本中出现的频率表示文本，相对词频为归一化的词频，其计算方法主要运用关键词出现的次数（词频）—逆向文件频率公式。

（二）文本分类算法

训练算法和分类算法是分类系统的核心部分，存在多种基于向量空间模型的训练算法和分类算法，主要有最近K邻居算法、贝叶斯算法、最大平均熵算法、类中心向量最近距离算法、支持向量机算法和神经网络算法等。

简单向量距离分类算法的核心是利用文本与本类中心向量间的相似度判断类的归属，而贝叶斯算法的基本思路是计算文本属于类别的概率。

K邻居算法的基本思路是在给定新文本后，考虑在训练文本集中与该新文本距离最近（最相似）的K篇文本，根据这K篇文本所属的类别判定新文本所属的类别。

支持向量机和神经网络算法在文本分类系统中应用得较为广泛。支持向量机的基本思想是使用简单的线性分类器划分样本空间，对于在当前特征空间中线性不可分的模式，则使用一个核函数把样本映射到一个高维空间中，使得样本能够线性可分。神经网络算法采用感知算法进行分类。在这种模型中，分类知识被隐式地存储在连接的权值上，使用迭代算法来确定权值向量。当网络输出判别正确时，权值向量保持不变，否则要进行增加或降低的调整，因此也称为奖惩法。

经过文本分类预处理后，训练文本合理向量化，奠定了分类模型的基础。向量化的训练文本与文本分类算法共同构造出了分类模型。在实际的文本分类过程中，主要依靠分类模型完成文本分类。

（三）分类结果的评价与反馈

文本分类系统的任务是在给定的分类体系下，根据文本的内容自动地确定文本关联的类别。从数学角度来看，文本分类是一个映射的过程，它将未标明类别的文本（待分类文本）映射到已有的类别中。文本分类的映射规则是系统根据已经掌握的每类若干样本的数据信息，总结出分类的规律性，从而建立判别公式和判别规则，然后在遇到新文本时，根据总结出的判别规则，确定文本相关的类别。

因为文本分类从根本上说是一个映射过程，所以评估文本分类系统的标准是映射的准确程度和映射的速度。映射的速度取决于映射规则的复杂程度，而评估映射准确程度的参照物是通过专家思考判断后对文本进行分类的结果（这里假设人工分类完全正确并且排除个人思维差异的因素），与人工分类结果越相近，分类的准确程度就越高。

二、文本信息处理的应用领域

人类历史上以语言文字形式记载和流传的知识占总量的80%以上，这些语言被称为自然语言，如汉语、英语、日语等。自然语言处理是指利用计算机为工具对人类特有的书面和口头形式的自然语言的信息进行各种类处理和加工的技术，是人工智能研究的重要内容之一。主要应用在以下几个研究领域。

（一）机器翻译

实现一种语言到另一种语言的自动翻译，常用于文献翻译、网页翻译和辅助浏览等。

（二）自动文摘

将原文档的主要内容或某方面的信息自动提取出来，并形成原文档的摘要或缩写，主要应用在电子图书管理、情报获取等方面。

（三）文档分类

也叫文本自动分类，即利用计算机系统对大量的文档按照一定的分类标准（如根据主题或内容划分等）实现自动归类，主要应用在图书管理、内容管理和信息监控等领域。

（四）信息过滤

利用计算机系统自动识别和过滤那些满足特定条件的文档信息，主要应用于网络有害信息过滤、信息安全等。

（五）问答系统

通过计算机系统对人提出的问题，利用自动推理等手段，在有关知识资源中自动求解答案并做出相应的回答。问答技术有时与语音技术和多模态输入/输出技术，以及人机交互技术等相结合，构成人机对话系统。主要应用在人机对话系统、信息检索等领域。

三、中文信息处理的研究

中文信息处理可分为字处理平台、词处理平台和句处理平台这三个层次。字处理平台技术是中文信息处理的基础，经过近20年的研究，字处理平台技术已经达到了一个比较成熟的阶段。词处理平台技术是中文信息处理的中间环节，它是连接字平台和句平台的关键纽带，因此也是关键环节。句处理平台技术是中文信息处理的高级阶段，它的研究主要包括机器翻译、汉语的人机对话等，这方面的研究虽然已取得了一定的成果，但是还处于初级阶段。

字处理平台的研究与开发，包括汉字编码输入、汉字识别（手写体联机识别与印刷体脱机识别）、汉字系统及文书处理软件等。

词处理平台上最典型、最引人瞩目的是面向互联网的、文本不受限的中文检索技术，包括通用搜索引擎、文本自动过滤、文本自动分类以及个性化服务软件等。影响比较大的中文通用搜索引擎有雅虎、搜狐、新浪网等，但这些网站只采用了基于字的全文检索技术，或者仅做了简单的分词处理，性能还有待提高。

词处理平台上另一个重要应用是语音识别。单纯依赖语音信号处理手段来大幅度提高识别的准确率，已经很难再大有作为，必须要借助文本的后处理技术。现在最具代表性的产品是IBM公司的简体中文语音输入系统，微软中国研究院也有表现不俗且接近实用的系统。

句处理平台上的重要应用主要有两方面：一是机器翻译，虽然机器翻译的质量还远远不能令人满意，但挂靠在互联网上，就找到了合适的舞台，无论对中国人了解世界（英译汉），还是外国人了解中国（汉译英），都大有裨益，潜在的市场十分可观。"金山快译"软件受到市场的欢迎，就是一个有说服力的旁证。此外，雅信诚公司推出的针对专业翻译人员的英汉双向翻译辅助工具CAT，虽然没有采用全自动翻译的策略，但定位及思路都非常好，不失为另一个有前途的发展方向。句处理平台上另一方面的重要应用是汉语文语转换，即按照汉语的韵律规则，把文本文件转换成语音输出。汉语文语转换系统可用来构成盲人阅读机，让计算机为盲人服务；可用来构成文语校对系统，为报纸杂志的校对人员服务；还可广泛用于机场或车站的固定信息发布等。清华大学和中国科学技术大学都研发出了实用的汉语文语转换系统，达到了国际领先水平。

总体来说，字处理平台的研究已快成明日黄花，句处理平台上的研究还很薄弱，离实用还有一段距离，而词处理平台上的研究难度较句处理平台容易，且经过多年的努力，成果也比较扎实，随着互联网的发展，已经到了厚积薄发的时候。

第四节　语音信号处理

一、语音信号处理的基础知识
（一）语音信号的特性

构成人类语音的是声音，这是一种特殊的声音，是由人讲话所发出的。语音是由一连串的音组成，具有被称为声学特征的物理性质。语音中的各个音的排列由一些规则所控制，对这些规则及其含义的研究属于语言学的范畴，而对语音中音的分类和研究则称为语音学。

语音是人的发音器官发出来的一种声波，它和其他各种声音一样，具有声音的物理属性，由音质、音调、音强及音量和声音的长短四种要素组成。

（1）音质（音色）：它是一种声音区别于其他声音的基本特征。

（2）音调：即声音的高低。音调取决于声波的频率，频率快则音调高，频率慢则音调低。

（3）音强及音量：也称响度，它是由声波振动幅度决定的。

（4）声音的长短：也称音长，它取决于发音持续时间的长短。

语音信号最主要的特性是随时间而变化的，是一个非平稳的随机过程；但是，从另一方面看，虽然语音信号具有时变特性，但在一个短时间范围内基本保持不变。这是因为人的肌肉运动有一个惯性，从一个状态到另一个状态的转变是不可能瞬间完成的，而是存在一个时间过程，在没有完成状态转变时，可近似认为它保持不变。只要时间足够短，这个假设是成立的。在一个较短的时间内语音信号的特征基本保持不变，这是语音信号处理的一个重要出发点，因而我们可以采用平稳过程的分析处理方法来处理语音。

（二）语音信号分析的主要方式

根据所分析的参数不同，语音信号分析又可分为时域、频域、倒频域等方法。时域分析具有简单、运算量小、物理意义明确等优点；但更为有效的分析多是围绕频域进行的，因为语音中最重要的感知特性反映在其功率谱中，而相位变化只起很小的作用。傅立叶分析在信号处理中具有十分重要的作用，它是分析线性系统和平稳信号稳态特性的强有力手段，在许多工程和科学领域得到了广泛的应用。这种以复指数函数为基函数的正交变换，理论上很完善，计算上很方便，概念上易于理解。傅立叶分析能使信号的某些特性变得很明显，而在原始信号中这些特性可能没有表现出来或表现得不明显。

然而，语音波是一个非平稳过程，因此适用于周期、瞬变或平稳随机信号的标准傅里叶变换，不能用来直接表示语音信号。前面已提到，我们可以采用平稳过程的分析处理方法来处理语音。对语音处理来说，短时分析的方法是有效的解决途径。短时分析方法应用于傅里叶分析就是短时傅里叶变换，即有限长度的傅里叶变换，相应的频谱称为"短时谱"。语音信号的短时谱分析是以傅里叶变换为核心的，其特征是频谱包络与频谱微细结构以乘积的方式混合在一起，另一方面是可用快速傅里叶变换（Fast Fourier Transformation，FFT）进行高速处理。

（三）语音信号处理系统的一般结构

语音信号处理系统首先需要信号的采集，然后才能进行语音信号的处理和分析。

根据采集信号的不同，语言信号可分为模拟信号和数字信号，其处理系统也可分为模拟处理系统和数字处理系统。如果加上模—数转换和数—模转换芯片，模拟处理系统可处理数字信号，数字处理系统也可处理模拟信号。由于数字信号处理和模拟信号处理相比具有许多不可比拟的优越性，大多数情况下都采用数字处理系统，其优越性具体表现在以下几个方面：

（1）数字技术能够完成许多很复杂的信号处理工作。

（2）通过语音进行交换的信息本质上具有离散的性质，因为语音可看作是音素的组合，这就特别适合于数字处理。

（3）数字系统有高可靠性、廉价、快速等优点，很容易完成实时处理任务。

（4）数字语音适于在强干扰信道中传输，也易于进行加密传输。因此，数字语音信号处理是语音信息处理的主要方法。

二、语音信号处理的关键技术

语音信号处理是一门研究用数字信号处理技术和语音学知识对语音信号进行处理的新兴学科，同时又是综合性的多学科领域和涉及面很广的交叉学科，是发展最为迅速的信息科学研究领域的核心技术之一，下面重点介绍语音信号数字处理应用技术领域中的语音编码、语音合成、语音识别与语音理解技术。

（一）语音编码技术

在语音信号数字处理过程中，语音编码技术是至关重要的，直接影响到语音存储、语音合成、语音识别与理解。语音编码是模拟语音信号实现数字化的基本手段。语音信号是一种时变的准周期信号，而经过编码描述以后，语音信号可以作为数字数据来传输、存储或处理，因而具有一般数字信号的优点。语音编码主要有三种方式：波形编码、信源编码（又称声码器）和混合编码，这三种方式都涉及语音的压缩编码技术，通常把编码速率低于

64 kbit/s的语音编码方式称为语音压缩编码技术。如何在尽量减少失真的情况下降低语音编码的位数已成为语音压缩编码技术的主要内容,换言之,在相同编码比特率下,如何取得更高质量的恢复语音是较高质量语音编码系统的要求。

(二)语音合成技术

语音合成技术就是所谓"会说话的机器"。它可分为三类:波形编码合成、参数式合成和规则合成。波形编码合成以语句、短语、词或音节为合成单元,合成单元的语音信号被录取后直接进行数字编码,经数据压缩组成一个合成语音库。重放时根据待输出的信息,在语音库中取出相应的合成单元的波形数据,将它们连接在一起,经解码还原成语音。参数式合成以音节或音素为合成单元。

(三)语音识别技术

语音识别又称语音自动识别(Automatic Speech Recognition,ASR),它基于模式匹配的思想,从语音流中抽取声学特征,然后在特征空间完成模式的比较匹配,寻找最接近的词(字)作为识别结果。几十年来,语音识别技术经历了从特定人(Speaker Dependent,SD)中小词汇量的孤立词语和连接词语的语音识别到非特定人(Speaker Independent,SI)大词汇量的自然口语识别的发展历程。尽管如此,语音识别技术要走出实验室、全面融入人们的日常生活还需一些时间。当使用环境与训练环境有差异时,如在存在背景噪声、信道传输噪声或说话人语速和发音不标准等情况下,识别系统的性能往往会显著下降,无法满足实用的要求。环境噪声、方言和口音、口语识别已经成为语音识别中三个主要的新难题。

一个典型语音识别系统由预处理、特征提取、训练和模式匹配几部分构成。

1. 预处理

预处理部分包括语音信号的采样、抗混叠滤波、语音增强、去除声门激励和口唇辐射的影响以及噪声影响等,预处理最重要的步骤是端点检测和语音增强。

2. 特征提取

作用是从语音信号波形中提取一组或几组能够描述语音信号特征的参数，如平均能量、过零数、共振峰、倒谱和线性预测系数等，以便训练和识别。参数的选择直接关系着语音识别系统识别率的高低。

3. 训练

训练是建立模式库的必备过程，词表中每个词对应一个参考模式，由这个词重复发音多遍，再由特征提取或某种训练得到。

4. 模式匹配

模式匹配是整个系统的核心，其作用是按照一定的准则求取待测语言参数和语言信息与模式库中相应模板之间的失真测度，最匹配的就是识别结果。

让机器听懂人类的语言，是人类长期以来梦寐以求的事情。伴随计算机技术的发展，语音识别已成为信息产业领域的标志性技术，在人机交互应用中逐渐进入我们的日常生活，并迅速发展成为"改变未来人类生活方式"的关键技术之一。语音识别技术以语音信号为研究对象，是语音信号处理的一个重要研究方向，其终极目标是实现人与机器进行自然语言通信。

（四）语音理解技术

语音理解又称自然语音理解（Natural Language Understanding，NLU），其目的是实现人机智能化信息交换，构成通畅的人机语音通信。语音理解技术开始使计算机，丢掉了键盘和鼠标，人们对语音理解的研究重点正拓展到特定应用领域的自然语音理解上。一些基于口语识别、语音合成和机器翻译的专用性系统开始出现，如信息发布系统、语音应答系统、会议同声翻译系统和多语种口语互译系统等，正受到各方面越来越多的关注。这些系统可以按照人类的自然语音指令完成有关的任务，提供必要的信息服务，实现交互式语音反馈。

三、语音信号处理技术的发展趋势

语音信号处理技术是计算机智能接口与人机交互的重要手段之一。从整个信息社会发展趋势看，语音技术有很多的应用。语音技术包括语音识别、说话人的鉴别和确认、语种的鉴别和确认、关键词检测和确认、语音合成、语音编码等，但其中最具有挑战性和应用前景的是语音识别技术。

（一）语音识别技术的发展趋势

首先，说话人识别技术，近年来已经在安全加密、银行信息电话查询服务等方面得到了很好的应用，在公安机关破案和法庭取证方面也发挥了重要的作用。其次，语音识别技术，在一些领域中正成为一个关键的具有竞争力的技术。例如，在声控应用中，计算机可以识别输入的语音内容，并根据内容来执行相应的动作，这包括了声控电话转换、声控语音拨号系统、声控智能玩具、信息网络查询、家庭服务、宾馆服务、旅行社服务系统、医疗服务、股票服务和工业控制等。在电话与通信系统中，智能语音接口正在把电话机从一个单纯的服务工具变成为一个服务的"提供者"和生活"伙伴"。使用电话与通信网络，人们可以通过语音命令方便地从远端的数据库系统中查询与提取有关的信息。随着计算机的小型化，键盘已经成为移动平台的一个很大的障碍，想象一下，如果手机只有一个手表那么大小，再用键盘进行拨号操作已经是不可能的，而借助语音命令就可以方便灵活地控制计算机的各种操作。再者，语音信号处理还可用于自动口语分析，如声控打字机等。

随着计算机和大规模集成电路技术的发展，这些复杂的语音识别系统已经完全可以制成专用芯片，进行大批量生产。在西方经济发达国家，大量的语音识别产品已经进入市场和服务领域。一些用户交互机、电话机、手机已经包含了语音识别拨号功能，还有语音记事本、语音智能玩具等产品也包含了语音识别与语音合成功能。人们可以通过电话网络，用语音识别口语对话系统查询有关的机票、旅游、银行等相关信息，并且取得很好的效果。

（二）语音合成技术的发展趋势

就语音合成而言，它已经在许多方面取得了实际的应用并发挥了很大的社会作用，例如公交汽车上的自动报站、各种场合的自动报时、自动报警、手机查询服务和各种文本校对中的语音提示等。在电信声讯服务的智能电话查询系统中，采用语音合成技术可以弥补以往通过电话进行静态查询的不足，满足海量数据和动态查询的需求，如股票、售后服务、车站查询等信息；也可用于基于微型机的办公、教学、娱乐等智能多媒体软件，例如语言学习、教学软件、语音玩具、语音书籍等；也可与语音识别技术和机器翻译技术结合，实现语音翻译等。

（三）语音编码技术的发展趋势

对于语音编码而言，语音压缩编码作为语音信号处理的一个分支，从目前的研究状况来看，它的未来发展主要表现在如下几个方面。

1．研究简化算法

在现有编码算法中，处理效果较好的很多，但都是以算法复杂、速度低、性能降低为代价。在不降低现有算法性能的前提下，尽量简化算法、提高运算速度、增强算法的实用性，将是未来一段时间的研究课题。

2．成熟算法的硬件实现将是研究重点

随着大规模集成电路工艺的飞速发展，人们已经可以在单一硅片上方便地设计出含有几百万个晶体管的电路，信息处理速度可达到几千万次/秒的乘、加操作，这是未来通信的发展迫切需要的。

3．语音压缩技术的新理论及新手段

随着计算机技术的发展和硬件环境的不断改善，语音压缩技术将不单单运用现有的几种技术，而将不断开拓和运用新理论及新手段，如将神经网络引入语音压缩的矢量量化中，将子波交换理论应用到语音特征参数的提取中。由于神经网络理论和子波交换理论比较新，几乎是刚刚起步，它们的前景还比较难预料，但就其在语音压缩编码方面的应用而言，将有很大的潜力。

4．语音性能评价手段将是研究的主要内容之一

随着各种算法的不断出现和完善，性能评价方法的研究日益显得落后。研究性能评价方法远比研究出一两种算法更为重要，所以，许多研究者致力于语音性能的评价方法的研究。目前这方面的研究成果没有大的突破，特别是4 kbit/s以下语音编码质量的客观评价还有待人们不断的努力。

5．研究语音的感知特性是未来很长一段时间内的基础研究工作之一

为了建立较理想的语音模型且不损失语音中的信息，在研究中必须考虑人的听觉特性，诸如人耳的升沉、失真和掩蔽现象等。

总之，语音压缩编码的研究，在性能上将朝着高性能、低复杂度、实用化的方向发展，而理论上将朝着多元化、高层次化的方向发展。

第六章　计算机网络数据通信技术

第一节　计算机网络概述

一、互联网的起源与发展

（一）联机系统阶段

20世纪50年代，开始出现以单计算机为中心的联机系统，又称为"面向终端的计算机网络"。它是由一台主机和若干个终端组成的。主机是网络的中心和控制者，分布在各处的本地或远程终端通过公共电话网及相应的通信设备与主机相连，登录到主机上，使用主机上的资源。在主机和每个终端之间都有一条专用的通信线路，当连接的终端较多时，这一互联方式存在主机的负荷较重、通信线路利用率低、可靠性低等缺点。

在连接的终端数目增多的情况下，为减轻承担终端数据处理的中心计算机的负担，在通信线路和中心计算机之间设置了一个前端处理器（Front End-Processor，FEP）或通信控制器（Communication Control Unit，CCU），专门负责与终端之间的通信控制，从而实现了数据处理和通信控制的分工，更好地发挥了中心计算机的数据处理功能。另外，在终端较集中的地区，设置集中器和多路复用器，采用低速线路将附近群集的终端连至集中器或复用器，然后将数据通过调制解调器与远程中心计算机的前端机相连，构成以单计算机为中心的远程联机系统，从而提高了通信线路的利用率，节约了远程通信线路的投资。

（二）多主机互联的初期网络阶段

20世纪60年代后期，开始出现将多台主计算机通过通信线路互联构成的计算机网络。

这种系统已由第一阶段利用一台中心计算机为所有用户服务的模式发展到了由多台分散的主计算机共同提供服务的模式，其典型代表是ARPA的AR-PANET。ARPANET通过有线、无线与卫星通信线路，使网络覆盖了从美国本土到欧洲的广阔地域。ARPANET是计算机网络技术发展的一个里程碑，它对发展计算机网络技术的主要贡献表现在以下几个方面：

（1）完成了对计算机网络的定义、分类描述。

（2）提出了资源子网、通信子网两级结构的概念。

（3）研究了报文分组交换的数据交换方法。

（4）采用了层次结构的网络体系结构模型与协议体系。

（5）促进了TCP/IP的发展。

（6）为Internet的形成与发展奠定了基础。

但这些网络也存在不少弊端，主要问题是各厂商提供的网络产品实现互联十分困难。因此，人们迫切希望建立一系列的国际标准，这正是推动计算机网络走向国际标准化的一个重要因素。

（三）标准化网络阶段

20世纪70年代中期以后，计算机网络开始正式步入网络标准化时代。20世纪80年代，随着计算机的广泛使用，局域网获得了迅速发展。OSI参考模型是新一代计算机网络体系结构的基础，不仅确保了各厂商生产的计算机间的互联，同时也促进了企业的竞争。

计算机网络要完成数据处理与数据通信两大基本功能，它在结构上必须分成两个部分：负责数据处理的主计算机与终端和负责数据通信处理的通信控制处理器（Communication Control Processor，CCP）与通信线路。资源子网负责全网的数据处理业务，向网络用户提供各种网络资源与网络服务，它由主计算机系统、终端、终端控制器、联网外设、各种软件资源与信息资源组成。通信子网是由通信介质、通信设备组成的，负责完成网络数据传输、转发等通信处理任务。

（四）网络互联与高速网络阶段

进入20世纪90年代，计算机网络技术迅猛发展，全世界许多国家纷纷建立了本国的Nil,从而极大地推动了计算机网络技术的发展,使计算机网络进入一个崭新的阶段,这就是计算机网络互联与高速网络阶段。

二、计算机网络的分类

拓扑是一种研究与大小、形状无关的构成图形(线、面)特性的方法,即抛开网络中的具体设备,把工作站、服务器等网络单元抽象为"结点",把网络中的电缆等通信介质抽象为"线",形成点和线组成的图形,使人们对网络整体有比较直观的印象。这样从拓扑学的角度看,计算机网络就变成了点和线组成的几何图形,这就是网络的拓扑结构,也就是说网络拓扑结构是一个网络的通信链路和结点的几何排列或物理图形布局,在计算机网络中忽略了网络的具体物理特性,如结点之间的距离、各结点的位置,而着重研究结点之间的连接关系。可以从不同角度去对计算机网络进行分类。

(一)按网络的拓扑结构分类

按网络的拓扑结构可以将网络分为:星形、总线型、环形、树形、网状和混合型网络。

(二)按网络覆盖的地理范围分类

按网络覆盖的地理范围分类是最常用的分类方法,按照地理范围的大小,可以把计算机网络分为局域网、城域网和广域网三种类型。

(三)按网络协议分类

根据使用的网络协议不同,可将网络分为:使用IEEE803.2标准协议的以太网(Ethernet)、使用IEEE802.5标准协议的令牌环网(TokenRing),另外还有FDDI网、ATM网、X.25网、TCP/IP网等。

(四)按传播方式分类

根据所使用的传输技术,可以将网络分为广播式网络和点到点网络。

(五)按网络操作系统分类

根据使用的网络操作系统,可以将网络分为Novell Netware网、UNIX网、Linux网和Windows NT网等。

三、网络硬件和软件

计算机网络是一个非常复杂的系统，从系统组成的角度来说，计算机网络包括硬件系统及软件系统两大部分：网络硬件提供的是数据处理、数据传输和建立通信通道的物质基础；而网络软件是真正控制数据通信的，网络软件的各种网络功能需依赖于硬件去完成，二者缺一不可。从系统功能的角度来讲，一个计算机网络又可分为资源子网和通信子网两大部分。通信子网是指计算机网络中实现网络通信功能的设备及其软件的集合，通信线路、通信设备、网络通信协议、通信控制软件等都属于通信子网，它是网络的内层，负责信息的传输，是网络的重要组成部分。资源子网是指计算机网络中实现资源共享的设备和软件的集合，主机和终端都属于资源子网。通信子网为资源子网提供信息传输服务，资源子网上用户之间的通信建立在通信子网的基础上。没有通信子网，网络不能工作，而没有资源子网，通信也就失去了意义，通信子网和资源子网的结合组成了统一，资源共享、完善的网络。

（一）网络硬件

网络硬件包括网络服务器、网络工作站、网络适配器、传输介质、调制解调器和网络设备等。

1. 网络服务器

是一台高性能计算机，用于网络管理、运行应用程序、处理各网络工作站成员的信息请示等，并连接一些外部设备如打印机、CD-ROM，调制解调器等。

2. 网络工作站

也称客户机，由服务器进行管理和提供服务、接入网络的任何计算机都属于工作站，其性能一般低于服务器。

3. 网络适配器

也称网络接口卡或网卡（Network Interface Card，NIC），在局域网中用于将用户计算机与网络相连，大多数局域网采用以太网卡。网卡的工作原理与调制解调器的工作原理类似，只不过在网卡中输入和输出的都是数字信号；传送速度比调制解调器快得多。它按总线类型可分为ISA网卡、EISA网卡、PCI网卡等。

4. 网络设备

计算机与计算机或工作站与服务器进行连接时，除了使用连接介质外还需要一些中介设备，如网络交换机、路由器和集线器等，这些统称为网络连接设备。

5. 传输介质

用于网络设备之间的通信连接，常用的有双绞线、同轴电缆和光缆等。此外计算机网络还使用无线传输媒体，如微波、红外线和激光等。

（二）网络软件

1. 网络系统软件

包括网络操作系统、网络协议软件、通信控制软件和管理软件等。

网络操作系统（Network Operating System，NOS）是网络软件的基础，是向网络计算机提供服务的特殊操作系统，它在计算机操作系统下工作，使计算机操作系统增加了网络操作的功能。现在常用的NOS有Novell Netware Windows NT、UNIX和Linux等。

2. 网络应用软件

指为某一应用目的而开发的网络软件，为用户提供访问网络的手段及服务、资源共享和信息传输。常用的应用软件有数据库管理系统、远程教育软件、办公自动化、财务管理软件和Internet信息服务软件等。

四、网络体系结构与协议

计算机网络体系结构不是指具体的网络，而是计算机网络的抽象模型。计算机网络是将多台位于不同地点的计算机设备通过各种通信信道和设备互连，使其能协同工作，以便计算机用户与应用进程交换信息和共享资源，因此，计算机网络系统的设计是个复杂的工程。网络的体系结构用分层的概念简化了计算机网络系统的设计与实现。

网络体系结构是对计算机网络应设置哪几层，每层应提供哪些功能的精确定义。至于功能如何实现，则不属于网络体系结构部分。在网络分层体系结构中，每一层都由一些实体组成，这些实体抽象地表示了通信时的软件元素和硬件元素，换句话说，实体是通信时能发送和接收信息的任何软、硬件设施。不同机器上同一层的实体叫对等实体。实体完成一定的任务，称为该层的功能，上层可以利用下层提供的功能，或者说下层为上层提供服务。服务是各层向其上层提供的一组操作。服务定义了两层之间的接口，上层是服务用户，下层是服务提供者。上下层之间交换信息叫接口。一般要求上下层之间传输的信息量尽可能地少，这样可使得两层之间保持其功能的相对独立性。

网络中包含多种计算机系统，它们的硬件和软件各不相同，要实现它们之间的相互通信，就必须有一套通信管理机制，使通信双方能正确地发送和接收信息，并理解对方所传输信息的含义。这套通信管理机制也可以说是计算机通信双方事先约定的一种规则，它就是协议。协议是指实现计算机网络中数据通信和资源共享的规则的集合，它包括协议规范的对象以及应该实现的功能。一般来说，协议由语义、语法和交换规则三部分组成，即协议的三要素。层和协议的集合被称为网络体系结构。换句话说，体系结构就是用分层研究方法定义计算机网络各层的功能、各层协议和接口的集合。

第二节　Internet

一、Internet的协议

　　Internet协议是一个协议簇的总称，其本身并不是任何协议，一般有文件传输协议、电子邮件协议、超文本传输协议、通信协议等。Internet采用的是TCP/IP，由TCP和IP组合而成，实际是一组协议。IP保证将数据从一个地址传送到另一个地址，但不能保证传送的正确性，TCP则用来保证传送的正确性。对TCP/IP各成员划分层次时，通常采用两种方式：一种是根据协议之间的服务调用关系，另一种是根据协议的作用和功能。大多数情况下，这两种划分方式配合得很好，但是偶尔也会出现一些二义性问题。以路由协议为例，从协议的作用和功能来说，路由协议应该被划分到网际层；但是路由协议中的边界网关协议（Border Gateway Protocol，BGP）是基于TCP进行封装和传输的，路由协议中的路由选择信息协议（Routing Information Protocol，RIP）是基于UDP进行封装和传输的，从服务调用关系来说，BGP和RIP又应该被划分到应用层。由于TCP/IP参考模型是先有协议后有模型，因此在协议划分时会出现这种二义性问题。从这个层面上来说，TCP/IP参考模型的结构不如OSI参考模型的结构严谨。随着网络技术的发展，TCP/IP还不断有新的成员加入。

TCP/IP通过网络接口层实现IP数据在各种通信系统上的传输，这些通信系统既包括各种局域网（LAN），又包括各种广域网（WAN）。这些通信系统向TCP/IP提供通信服务，但其本身并不属于TCP/IP。

二、Internet的地址与域名

（一）Internet地址

所有Internet上的计算机都必须有一个唯一的编号作为其在Internet的标志，这个编号称为IP地址。IP地址标志一个连接，它是网络上的通信地址，是计算机、服务器、路由器在Internet上的地址。在网络通信中，每个数据包中包含有发送方的IP地址和接收方的IP地址。

IPv4地址是一个32位二进制数，被分为4段，每段8位（1个字节），段与段之间用句点分隔。为了便于表达和识别，IP地址是以十进制形式表示的，每段所能表示的十进制数最大不超过255。为方便起见，通常将其表示为w.x.y.z的形式。其中w、x、y、z分别为一个0~255的十进制整数，对应二进制表示法中的一个字节。这样的表示叫作"点分十进制表示"。

（二）Internet的域名

虽然Internet网上的主机（包括网关以及每一台连在网络上的计算机）都有唯一的一个IP地址，但是用户使用一个数字地址是很不方便的。就像人们习惯于用姓名，而不是用身份证号码来指明一个人那样，用户更愿意使用具有一定意义的名字来指明主机。为此，人们为每个已经分配了IP地址的主机指定一个名字。

TCP/IP的域名系统（Domain Name System，DNS）提供了一整套名字管理的办法，其中一项主要的工作是把主机的一个合法"名字"转换成相应的IP地址，当然还包括了其他功能。DNS采用分布式数据库的方法，具有良好的伸缩性，非常适合处理网络的增长。在DNS中使用了树形结构，树的顶层被分成几个主要的组，由顶层往下的分支继续扩展，每级被认为是一个域，每一级的名字和前面几级的名字连接在一起成为它的域名。

（三）网络传输介质

网络传输介质是指在网络中传输信息的载体，常用的传输介质可分为有线传输介质和无线传输介质两大类。

1. 有线传输介质

有线传输介质是指在两个通信设备之间实现的物理连接部分，它能将信号从一方传输到另一方，常见的有线传输介质主要有双绞线、同轴电缆和光纤。同轴电缆是指将一对导体按"同轴"的方式构成同轴线对。双绞线电缆（简称为双绞线）是综合布线系统中最常用的一种传输介质，尤其在星形网络拓扑中，双绞线是必不可少的布线材料。双绞线电缆中封装着一对或一对以上的双绞线，为了降低信号的干扰程度，每一对双绞线一般由两根绝缘铜导线相互缠绕而成。双绞线既可以传输模拟信号，也可以传输数字信号。目前，有两种线序的排列标准，即EIA/TIA568A布线标准（简称T568A·标准）和EIA/TIA568B布线标准（简称T568B标准）。T568A标准描述的线序从左到右依次为：1—绿白、2—绿、3—橙白、4—蓝、5—蓝白、6—橙、7—棕白、8—棕。T568B标准描述的线序从左到右依次为：1—橙白、2—橙、3—绿白、4—蓝、5—蓝白、6—绿、7—棕白、8—棕。直通双绞线的一头如果采用了某一标准排列，则另一头的线序也要按照这一标准排列。交叉双绞线的一头如果采用了某一标准排列，而另一头的线序则要按照另一标准排列。光纤是由一组光导纤维组成的用来传播光束的、细小而柔韧的传输介质。用光纤做传输介质，就需要在发送端将电信号用特殊的设备转换成光信号，经光纤传输到接收端后，再将光信号转换成电信号。光纤的优点很多，比如它能够提供比铜导线高得多的带宽；光纤中光的衰减很小、传输速度快、距离远、内容多；不受空气中腐蚀性化学物质的侵蚀，可以在恶劣环境中正常工作；光纤不漏光，不受电磁干扰，不怕雷电击，很难在外部窃听；不导电，在设备之间没有接地的麻烦，安全性很高。另外，光纤还具有体积小、重量轻、韧性好等特点，深受用户的喜爱，但其价格比较高，主要用于要求传输距离较长、布线条件特殊的主干网连接，还没有作为局域网大量选用的传输介质。

2. 无线传输介质

微波是指其频率为300 MHz～300 GHz的电波，微波通信是用微波作为载体传输信号，用被传输的模拟信号或数字信号来调制该载波信号，它可用于传输模拟信号又可传输数字信号。微波的工作效率很高，但由于地球表面是曲面，而微波是沿直线传播的，所以微波传输距离一般在40～60 km，但可以通过地面微波中继站或卫星通信来延长其通信距离。

红外线通信通常又叫"红外光通信"，是利用红外线传送信息的一种通信方式。红外线通信所传输的内容是多样的，可以是音频信号，也可以是视频信号。利用红外线来传输信号，在收、发端分别接有红外线的接收器和发送器，但二者必须在可视范围内，中间不允许有障碍物。利用红外线可以构成无绳电话及无线耳机系统。红外线的传输距离不远，一般在10 m以内，但可以避免频谱占用，信号失真等，适用于普通的办公室和家庭等场合。红外线信道有一定的带宽，当传输速率为100 kbit/s时，通信距离可大于16 km；传输速率为1.5 Mbit/s，其通信距离则降为1.6 km。由于红外线有很强的方向性，很难被窃听、插入和干扰，因此保密性较好。红外线适用于短距离传输，它相对有方向性、便宜而且容易制造，可以方便地在室内连接局域网（LAN）或其他带红外线接收装置的设备。由于红外线不能够穿透坚固的墙壁，因而安全性要比其他无线传输介质好。另外，红外线传输的一个缺点是红外线不能在室外应用，这是因为太阳光中的红外部分和可见光一样强烈。

激光是利用激光发生器激发半导体材料而产生的高频波。激光通信是利用激光束来传输信号，即将激光束调制成光脉冲，以传输数据。激光通信必须配置一对激光收发器，且安装在视线范围内，它与红外线一样不能传输模拟信号。激光具有很好的聚光性和方向性，因而很难被窃听、插入数据和进行干扰，既能提高带宽，又能降低成本。其缺点是不能穿透雨和浓雾，空气中扰乱的气流会引起偏差。

3. 传输介质的选择

传输介质的特性主要有传输速率（和带宽有关）、传输距离（和衰减有关）、抗干扰能力以及安装的难易和费用的高低等几项，选择时要根据实际使用场合，综合上述因素进行考虑。如要求传输速率高，可选用电缆；要求价钱便宜，可选用双绞线；要求在不适宜铺设电缆的场合通信，可选用无线传输等。

（四）网络设备

网络设备是构成网络的重要部分，主要有网卡、调制解调器、集线器和路由器等。

1. 网卡

网卡是计算机与局域网相互连接的接口。一台计算机也可以同时安装两块或多块网卡。网卡的功能主要有两个：一是将计算机的数据封装为帧，并通过网线（对于无线网络来说就是电磁波）将数据发送到网络上去；二是接收网络上传过来的帧，并将帧重新组合成数据发送到所在的计算机中。每块网卡都有世界上唯一一个ID，也叫作MAC（Media Access Control）地址。MAC地址用于在网络中标志计算机的身份，实现网络中不同计算机之间的通信和信息交换。

网络有许多种不同的类型，如以太网、令牌环网、FDDI网、ATM网、无线网络等，不同的网络必须采用与之相适应的网卡。由于绝大多数局域网都是以太网，因此，一般接触到的网卡也都是以太网网卡。对网卡的选择需要着重注意以下几个方面：端口类型、传输速率、是否支持全双工、总线接口方式、是否支持远程唤醒、是否支持远程引导。网卡的安装分为硬件安装和软件安装两部分。

2. 调制解调器

调制解调器的作用就是当计算机发送信息时，将计算机内部使用的数字信号转换成可以用电话线传输的模拟信号，通过电话线发送出去；接收信息时，把电话线上传来的模拟信号转换成数字信号传送给计算机，供其接收和处理。

按与计算机连接方式的不同，调制解调器可分为内置式与外置式。内置式调制解调器体积小，使用时插入主机板的插槽，不能单独携带；外置式调制解调器体积大，使用时与计算机的通信接口（COM1或$CO M_2$）相连，有通信工作状态指示，可以单独携带，能方便地与其他计算机连接使用。

3. 集线器

集线器（Hub）是对网络进行集中管理的最小单元，像树的主干一样，它是各分支的汇集点。集线器是一个共享设备，其实质是一个中继器，而中继器的主要功能是对接收到的信号进行再生放大，以扩大网络的传输距离。正是因为集线器只是一个信号放大和中转的设备，所以它既不具备自动寻址能力，也不具备交换功能。所有传到集线器的数据均被广播到与之相连的各个端口，容易形成数据堵塞。

集线器主要用于共享网络的组建，是解决从服务器直接到桌面最佳、最经济的方案。在交换式网络中，集线器直接与交换机相连，将交换机端口的数据送到桌面。使用集线器组网很灵活，相对于用粗缆和细缆连接网络而言，它处于网络的一个星形结点，对结点相连的工作站进行集中管理，出问题的工作站不会影响整个网络的正常运行，并且用户的加入和退出也很自由。

4. 路由器

路由器（Router）又称网关设备（Gateway），用于连接多个逻辑上分开的网络，所谓逻辑网络是代表一个单独的网络或者一个子网。当数据从一个子网传输到另一个子网时，可通过路由器的路由功能来完成。因此，路由器具有判断网络地址和选择IP路径的功能，它能在多网络互联环境中，建立灵活的连接，可用完全不同的数据分组和介质访问方法连接各种子网，路由器只接收源站或其他路由器的信息，属于网络层的一种互联设备。

（五）网络服务

1. WWW服务

万维网（World Wide Web，WWW）是一个基于超文本（Hypertext）方式的信息查询工具，其最大特点是拥有非常友善的图形界面、简单的操作方法以及图文并茂的显示方式。

WWW系统采用客户机/服务器结构。在客户端，WWW系统通过Netscape Navigator或者Internet Explorer等工具软件提供了查阅超文本的方便手段，并推荐了一种超文本标记语言（Hyper Text Markup Language，HTML），按HIML格式存储的文件被称作超文本文件。在每一个超文本文件中通常都有一些超链接（Hyperlink），把该文件与别的超文本文件连接起来构成一个整体。我们通常所见的网站是由若干Web网页组成的（暂且不考虑网络应用程序），这些Web网页是直接或者间接（通过网页制作工具）由HTML书写成的。HTML标准定义了Web网页的内容和显示方式，HTML代码最终在客户机的浏览器上显示为包含文本、图形、声音、动画等内容的Web网页。具体地讲，当用户从Web服务器取得一个文件后，需要在自己的屏幕上将它正确无误地显示出来。由于将文件放入Web服务器的用户并不知道将来阅读这个文件的用户使用何种类型的计算机或者终端，因此要保证每个人在屏幕上都能读到正确显示的文件，就必须以某种各类型的计算机或者终端都能"看懂"的方式来描述文件，即遵循一系列标准，于是就产生了HTML。HTML对Web页面的内容、格式及Web页面中的超级链接进行描述，而Web浏览器的作用就在于读取Web站点上的HTML文档，再根据HTML文档中的描述组织来显示相应的Web页面。HTML文档本身是文本格式的，用任何一种文本编辑器都可以对它进行编辑。HTML有一套相当复杂的语法，专门提供给专业人员用来创建Web文档，一般用户并不需要掌握它。在UNIX系统中，HTML文档的扩展名为".html"，而在DOS/Windows系统中则为"htm"。仅有HTML并不能完成WWW服务的全部内容，还需要在网络中传输这些HTML代码，这项工作是由HTTP完成的。HTTP是一种应用层协议，它处于TCP/IP协议栈的最高层，具体定义了如何利用低层的通信协议完成正确的网络传输，从而在Web服务器与浏览器之间建立连接。

2. FTP服务

FTP是Internet上用来传送文件的协议，是使用最普遍的文件传输协议。在Internet上通过FTP服务器可以进行文件的上传（Upload）或者下载（Download）。FTP是实时联机服务，在使用之前必须是具有该服务的一个用户（即具有用户名和口令），工作时客户端必须先登录到作为服务器一方的计算机上。用户登录后可以进行文件搜索和文件传送等有关操作，如改变当前工作目录、列出文件目录、设置传输参数及传送文件等。使用FTP可以传送所有类型的文件，如文本文件、二进制可执行文件、图像文件、声音文件和数据压缩文件等。

FTP是TCP/IP的一种具体应用，工作在应用层。使用TCP传输的意义在于客户与服务器之间的连接是可靠的面向连接，为数据的传输提供了可靠的保证。

FTP自身有两种工作模式，即在第二步中提到"建立另外一条专有连接方式"的方法有两种，习惯上称为主动模式和被动模式。主动模式也称Port模式，主动模式FTP客户端会向FTP服务器发送PORT命令，该模式的"数据传输专有连接"是在建立控制连接（用户认证完成）后，首先由服务器使用20端口主动向客户机进行连接，建立专有连接用于数据的传输，这种方式在网络管理上比较好控制。21端口用于用户验证，20端口用于数据传输，只要将这两个端口开放就可以随心所欲地使用FTP功能了。被动模式也称为Pasv模式，被动模式客户端会向FTP服务器发送PASV命令。FTP服务器打开一个位于1 024～5 000之间的随机端口并且发出通知客户端在这个端口上传送数据的请求。该工作模式与主动模式不同，数据传输专有连接是在建立控制连接（用户认证完成）后，由客户机向FTP服务器发起连接的。客户机使用哪个端口以及连接到服务器的哪个端口都是随机产生的。

现在，很多FTP服务器的20端口被禁用或者被过滤掉了，这时就不能使用主动模式进行数据传输了，相应的就需要客户机采取被动模式建立连接了。采用何种工作模式完全取决于客户机上的设置，因此，切换工作模式已经成为最简单的FTP故障排除方法。

3. DNS服务

DNS是互联网的一个重要组成部分，它起着域名解析的作用。一个名称是计算机在网络中的标识符。在TCP/IP网络中，每台计算机都拥有一个用数字表示的IP地址，一个IP地址标识一台计算机。如果某台计算机想访问网络中其他计算机，它就需要知道对方的IP地址。但是仅仅用数字表示的名称标识太过烦琐，并且在实际中，用户在访问网络中的资源时，一般并不希望使用对方的IP地址去访问，而是通过容易记忆的计算机名来访问。

为了便于记忆，便产生了使用IP地址之外的名称方案，也就是使用简单易记的名称来标识网络中的计算机（包括其他形式的网络结点），DNS就是这样一个名称解决方案DNS提供名称解析服务，它把人们易于记忆的地址解析为IP地址。DNS服务器的主要构件是一种分层的分布式数据库，包含了DNS主机名称到IP地址的映射信息。

DNS是Internet命名方案的基础，也是一个机构的活动目录域命名方案的基础。没有DNS，用户将不得不自己手动地查找资源的IP地址以便访问它们。由于资源的IP地址可能会发生变化，要维持一个IP地址与资源的动态匹配将是一件困难的事情。DNS允许用户使用文字数字形式的名称，与IP地址相比，文字数字形式的名称要相对稳定得多。

通过DNS，主机名称保存在数据库中，数据库可能分布到多个服务器上，这减轻了每台服务器的负担，并提供了经由分区来管理这个命名系统的能力。DNS支持层次化的名称，除了在主机文件中使用主机名称到IP地址的映射之外，DNS也允许注明不同的数据类型。由于DNS数据库是分布式的，因此它的大小不受限制，而且当更多的服务器被使用时，其性能不会降低太多。

DNS是基于客户机/服务器模式运行的。在这种模型中，DNS服务器上有一个数据库，其中保存着DNS名称空间中名称和IP地址的映射关系，DNS服务器利用这个数据库为客户端提供名称解析服务，这个数据库在DNS中被称为区域。DNS客户机会向DNS服务器发出名称解析的查询请求，以获取有关DNS名称空间中全称域名（Fully Qualified Domain Name，FQDN）和IP地址的映射关系。如果这台DNS服务器的数据库不负责存储客户端所查询的名称和IP地址的映射关系，这台服务器就会向其他的DNS服务器发出查询，直到获得客户端请求的名称和IP地址的映射关系为止。

第三节　无线互联网和IEEE802.11

一、无线局域网

无线局域网是计算机网络与无线通信技术相结合的产物。无线局域网利用无线电多址通信信道来实现多台计算机之间的互联，为计算机的移动化、个性化和多媒体应用提供了可能。无线局域网不采用传统缆线，但可提供与有线局域网相同的功能。

（一）无线局域网的产生

无线网络的初步应用可以追溯到20世纪30、40年代，当时美国采用无线电信号传输资料，并采用了加密技术。

无线通信技术的兴起、低价位的无线设施的出现以及网际网络的普及，加速了无线网络的发展。

（二）无线局域网的优点

无线局域网无须线缆介质，可与有线网互联，它是对有线联网方式的一种补充和扩展；无线局域网上的计算机具有可移动性，能够提供漫游（Roaming）等有线网络无法提供的功能。与有线网络相比，无线局域网具有以下优点。

（1）安装便捷：一般只要安装一个或多个接入点（Access Point，AP）设备，就可建立覆盖整个建筑或地区的局域网络。

（2）使用灵活：在无线网的信号覆盖区域内，任何一个位置上的入网计算机都可以接入网络。

（3）经济节约：无线网络无须线缆介质，因而无线网络的花费较小。

（4）易于扩展：无线局域网有多种配置方式，能够根据需要灵活地选择，从只有几个用户的小型局域网到上千用户的大型网络，无线局域网都能胜任，而且扩容也更为灵活、简便。

无线局域网的设备有无线Hub、无线网桥、无线Modem及无线网卡等，其中使用最多的设备是配置在计算机中的无线网卡。当今的无线局域网集成了无线通信中的很多新技术，这些技术涉及的基本原理在大学本科通信工程等专业课程中将有所讲述。

（三）无线局域网技术

1. 工作频率

无线局域网的发展初期曾出现了多种技术和标准，但发展至今，只有IEEE组织制定的802.11系列标准成为工业界的实际标准，相应产品已经在全球范围内得到广泛应用。区别于有线局域网标准802.3，无线局域网的802.11系列标准制定了无线方面的空中接口标准，主要包含物理层（PHY）和媒体接入层（MAC），对应计算机网络中OSI标准协议模型的物理层和数据链路层。

由于2.4 GHz频段是工业、科学和医疗实验频段（ISM频段），可自由使用，因此这段频谱的应用系统很多，如蓝牙、无线麦克风、微波炉等。可以看到，802.11标准在2.4 GHz频段的信道频率间是互相重叠的，每个信道占用22 MHz带宽，为避免干扰，相邻小区使用的信道频率间距应大于25 MHz。

2. 无线局域网空中接口技术

无线局域网技术关键集中在对空中接口的制定上，主要包括物理层和媒体接入层。无线局域网协议之间的关系以及与OSI参考模型、TCP/IP参考模型之间的对应关系。无线局域网协议对应的是OSI模型中的物理层和数据链路层，或TCP/IP参考模型中的网络接入层。由于TCP/IP参考模型并不具体定义网络接入层的内容，因此可以包容各种不同物理实现的网络。

二、IEEE802.11标准

（一）LEEE802.11标准的产生

IEEE802.11是在20世纪末通过的无线局域网标准。IEEE802.11规定了无线局域网使用2.4 GHz频段。IEEE802.1标准得到了进一步的完善和修订，制订了IEEE802.11a，增加了一段5 GHz频带，可提供25 Mbit/s的无线ATM接口和10 Mbit/s的以太网无线帧结构接口，并支持语音、数据、图像业务。后来802.11b被正式批准，IEEE802.11b实行动态传输速率，允许数据速率根据信道状况在1 Mbit/s、2 Mbit/s、5.5 Mbit/s、11 Mbit/s等多种速率下自行调整。它从根本上改变了无线局域网的设计和应用现状，扩大了无线局域网的应用领域，大多数厂商生产的无线局域网产品都基于802.11b标准的。21世纪初，IEEE批准了一种新技术802.11g.它是一种混合标准，既可以在2.4 GHz频段提供11 Mbit/s数据传输速率，也可以在5 GHz频段提供54 Mbit/s数据传输速率。

无线保真技术（Wireless-Fidelity，Wi-Fi）支持802.11a和802.11b标准，已成为WLAN广泛采用的技术并得到迅速普及；Wi-Fi用户可通过计算机、掌上电脑或手机实现无线联网，其通信距离可从几百米到4 mile。Wi-Fi已配置在越来越多的设备中，如便携式计算机、PC、掌上电脑、手机、数字电视、游戏机等，这是其走向成熟、越来越普及的一个重要标志。

只要计算机配置了Wi-Fi认证的收发器，就能享受随时随地上网的自由，用户能够在家、办公室或校园，或在机场、旅馆、咖啡店和其他公众场所里，随时随地上网。Wi-Fi网络已在全世界发达国家的城镇里越来越普遍。在我国的少数城市、大型企业和大学也开始了Wi-Fi网络的建设。越来越多的芯片提供商开始致力于将Wi-Fi和手机芯片集成，Wi-Fi的普及应用已不可逆转。

（二）无线互联网络类型

采用802.11系列标准建立的无线网络有无线个人区域网络（WPAN）、无线局域网络（WLAN）、无线城域网络（WMAN）和无线广域网络（WWAN）。

1. 无线个人区域网络

无线个人区域网络是相当小型的无线自组织网络技术，通常范围不超过10 m。由于通信范围有限，无线个人区域网络通常用于取代实体传输线，让不同的系统能够近距离地进行资料同步或连线。蓝牙无线技术是最盛行的无线个人区域网络技术，通过2.4 GHz的未管制频带来运作。一些需要更高信息传输率的无线个人区域网络应用方案，可利用新兴高频宽超宽频（UWB）技术传送数据。

2. 无线局域网络

与无线个人区域网络相比，WLAN能提供强大的无线网络连接能力，范围可涵盖无线接入站点到客户端中间大约100 m的距离。目前的无线局域网络以IEEE802.11标准为基础，又称为Wi-Fi网络。下一代的无线局域网络标准为IEEE802.11n，其规格还在制订当中。802.11n将具备与802.11a、b、g的兼容性，并提供超过100 Mbit/s的信息传输率。

3. 无线城域网络

无线城域网络是一种可涵盖城市或郊区等较大地理区域的无线通信网络。其中最广为人知的是IEEE802.16d，也被称为"WiMax"，工作频率在2~11 GHz之间，在理想状况下若无障碍物阻隔，50 km距离的最高数据速率可达70 Mbit/s。

4. 无线广域网络

无线广域网络是移动电话及数据服务所使用的数字移动通信网络，由电信运营商经营。无线广域网络可覆盖一个地理区域、一个国家甚至全球。无线广域网络是在现有移动通信网络技术基础上，通过网络升级演进而成。

（三）无线局域网的组网方式

1. 固定接入方式

基于固定接入的无线局域网组网方式包含一个中心接入节点（AP）和若干移动终端（STA），STA之间的通信需要通过STA进行。移动终端STA之间可以通过AP进行数据共享或者通过AP连接的网络接入其他网络中。此时，AP实际上起到了本地无线局域网的集线器功能或路由器的功能。

当AP提供BSS服务时，AP将广播它的射频MAC地址，称为基本SSID号（也称BSSID号），移动终端可以通过搜寻相应的信道获得SSID号，从而接入无线局域网。在固定接入方式中，所有移动终端之间的通信都需要通过AP节点。例如，STA1要发个文件给STA2的过程是STA1先发给AP节点，然后AP节点再转发给STA2。因此，在固定接入方式下，STA1与STA2的通信需要两跳，虽然效率不高，但固定接入方式下很容易通过AP实现QoS、多播等增值服务。

2. Ad-Hoc形式

基于Ad-Hoc形式的无线局域网组网方式可支持若干无分别的移动终端之间互联共享数据。在这种组网方式中，移动终端直接与其他移动终端通信互联，因此移动终端之间组成网状网，即每个移动终端都可直接与其他移动终端进行通信。

3. 扩展组网

无线局域网也可以通过组合多个固定接入方式的无线局域网，提供更大覆盖范围的无线局域网互联服务。随着人们对无线接入的速率要求越来越高，无线局域网的标准也在发展之中，一方面高速信息传输速率要求具有更宽的带宽，另一方面频谱资源的紧张也要求高频谱利用效率的物理层技术的研究。此外，随着无线局域网的大量采用，无线局域网之间的漫游、切换、互联、安全等问题也日益成为无线局域网研究和开发的重要领域。

第四节　现代通信技术

一、概述

在信息时代，人们需要获得信息、处理信息和传输信息，这就构成信息技术的三个主要分支，感测技术、计算技术和通信技术。

所谓通信，就是信息的传递。这里所说的"传递"可以认为是一种信息传输的过程或方式。这里讨论的是特指利用各种电信号和光信号作为通信信号的电通信与光通信。

自19世纪初电通信技术问世以来，在短短的一百多年时间里，通信技术的发展可谓日新月异，出现了许多人们过去想都不曾想过的新技术。

根据各种通信技术在通信发展史上的地位、作用以及对人类社会的影响，对过去的一百多年通信技术的发展历史进行了概括性的总结，其中有10项重大通信技术值得人们纪念。

（1）塞缪尔·莫尔斯（Samuel Finley Breese Morse）发明有线电报。有线电报开创了人类信息交流的新纪元。

（2）伽利尔摩·马可尼（Guglielmo Marconi）发明无线电报。无线电报为人类通信技术开辟了一个崭新的领域。

（3）载波通信。载波通信的出现改变了一条线路只能传送一路电话的局面，使一个物理介质上传送多路音频电话信号成为可能。

（4）电视。电视极大地改变了人们的生活，使传输和交流信息从单一的声音发展到实时图像。

（5）电子计算机。计算机被公认为是20世纪最伟大的发明，它加快了各类科学技术的发展进程。

（6）集成电路。集成电路为各种电子设备提供了运行高速、体型微小、功能强大的"心"，使人类的信息传输能力和信息处理能力达到了一个新的高度。

（7）光纤通信。光导纤维的发明使人们寻求到一种真正能够承担起构筑未来信息化基础设施传输平台重任的通信介质。

（8）卫星通信。卫星通信将人类带入了太空通信时代。

（9）蜂窝移动通信。蜂窝移动通信为人们提供了一种前所未有、方便快捷的通信手段。

（10）因特网。因特网的出现意味着信息时代的到来，使地球变成了一个没有距离的整体。

二、通信系统

（一）概述

通信是指从一地向另一地传递和交换信息。实现信息传递所需的一切技术设备和传输媒质的总和称为通信系统。

通信系统通常是指由通信收、发双方和信道组成的器件与设备的全体。通信系统是研究通信问题的基本概念。

（二）通信系统模型

通信系统的发送端由信源和发送设备组成。信源是消息的产生地，其作用是把各种消息转换成原始电信号，称为消息信号或基带信号。如电话机、手机和计算机等终端设备就包括信源。

发送设备的基本功能是将信源和信道匹配起来，即将信源产生的消息信号变换成适合在信道中传输的信号。变换方式是多种多样的，调制是最常见的变换方式。对数字通信系统来说，发送设备还常常包括信源编码、信道编码和加密编码。

信道是指传输信号的物理通道。在无线通信和移动通信系统中，信道是无线的，如信道可以是大气（自由空间）。在有线通信中，信道是有线的，如信道可以是明线、电缆或光纤。

噪声源不是人为加入的，而是通信系统中各种设备以及信道中所固有的。噪声的来源是多种多样的，它可分为内部噪声和外部噪声，而外部噪声往往是从信道引入的。

通信系统的接收端由接收设备和信宿组成。

接收设备的基本功能是完成发送设备的反变换，即进行解调、解码等。

它的任务是从带有干扰的接收信号中正确恢复出相应的原始基带信号来。

信宿是信息传输的归宿点，其作用是将复原的原始信号转换成相应的消息。

（三）通信方式的分类

1. 常用通信方式

（1）同频单工

同频是指通信的双方使用相同工作频率；单工是指通信双方的操作采用"按——讲"（PTT）方式。

（2）半双工制

半双工制方式主要用于有中心转信台的无线调度系统。

（3）双工制。双工制方式是指通信的双方收发信机均同时工作，即任一方在发的同时也能收听到对方的话音，无需按PTT开关，类同于平时打市话，使用自然，操作方便。

2. 通信系统的分类

（1）按信号特征分类

根据信道传输信号种类的不同，通信系统可分为：①模拟通信系统。②数字通信系统。

信道中传输模拟信号的系统称为模拟通信系统，如大家熟悉的电话、广播和电视系统；信道中传输数字信号的系统称为数字通信系统，比如数字电话通信系统。

数字通信相对于模拟通信的特点主要有以下几种：①抗干扰能力强。②便于对信号加工与处理。③可以控制传输中的误码。④易于加密且保密性强。⑤能够传输话音、电视和数据等多种信息等。

数字通信将是通信的发展方向，现在的大多数通信系统都是数字的。

（2）按传输介质分类

按传输介质的不同，通信系统可以分为：①无线通信系统。②有线通信系统。利用无线电波、红外线、超声波、激光进行通信的系统称为无线通信系统。广播系统、移动电话系统、传呼通信系统和电视系统等都是无线通信系统。用导线（包括电缆、光缆和波导等）作为介质的通信系统就是有线通信系统，如市话系统、闭路电视系统和普通的计算机局域网等。

随着通信技术、计算机技术和网络技术的飞速发展，单纯的有线或无线通信系统越来越少，实际通信系统常常是有线与无线两种方式结合起来使用。

现在的移动因特网、物联网和无线传感网等都是这种应用的典型。

（3）按调制方式分类

按调制与否可分为：①基带通信系统。②调制通信系统。基带系统传输的是基带信号，即没有经过任何调制处理的信号，而调制通信传输的是已调信号。

（4）按通信业务分类

按传送信息的物理特征可分为：①电话通信系统。②电报通信系统。③广播通信系统。④电视通信系统。⑤数据通信系统等。

（5）按工作波段分类

按使用波长可分为：①长波通信系统。②中波通信系统。③短波通信系统。④微波通信系统。⑤光通信系统等。

一种通信系统可以分属不同的种类，如我们所熟悉的无线电广播既是中波通信系统、调制通信系统、模拟通信系统，也是无线通信系统。

无论怎样划分通信系统，都只是在信号处理方式、传输方式或传输介质等外在特征上做文章，其通信的实质并没改变，即大量地、快速地、准确地、广泛地、方便地、经济地、安全地传送信息。

（四）常用通信系统

1. 微波中继通信系统

微波通信是指用微波频率作载波携带信息进行通信的方式。微波的传播特性类似于光的传播，沿直线传播，绕射能力很弱，一般可以进行视距内的传播。所谓视距传播是指发射天线和接收天线处于相互能看见的视线距离内的传播方式。地面通信、卫星通信和雷达等都可以采用这种传播方式。

2. 散射通信系统

散射通信系统是利用散射波进行通信的。电波在低空对流层中遇到不均匀的"介质团"时就会发生散射，散射波的一部分到达接收天线处，这种传播方式称为不均匀媒质的散射传播。

(1) 对流层散射通信

对流层散射主要用于100 MHz以上频段。对流层是大气的最低层，通常是指从地面算起至高达13±5 km的区域。

这种传播方式的优点是容量大、可靠性高、保密性好、单跳跨距达300~800 km，一般用于无法建立微波中继站的地区，如用于海岛之间或跨越湖泊、沙漠、雪山等地区。

(2) 流星余迹通信

流星余迹通信系统也是一种散射通信系统，它利用流星余迹形成的不均匀媒质的散射传播实现通信。

由于流星余迹具有随机性，因此流星余迹通信具有很强的保密性。西安电子科技大学在20世纪70年代开始研究流星余迹通信，取得了许多成果，在国防科技中得到了重要应用。

3. 无线电寻呼系统

无线电寻呼系统是一种单向无线通信系统。无线电寻呼系统的用户设备是袖珍式接收机，称作袖珍铃，俗称"BB机"。

第七章　电子信息技术的应用与发展

第一节　电子信息技术在电子商务中的应用

一、网络在电子商务中的作用

信息网络为各种思想文化的传播提供了更加便捷的渠道，大量的信息通过网络渗入到社会各个角落，成为当今文化传播的重要手段。电子出版以光盘、磁盘、网络出版等多种形式，打破了以往信息媒体纸介质一统天下的局面。网络改变着人与人之间的交往方式，改变着人们的工作方式和生活方式，也对文化的发展产生深远的影响。

电子商务便是基于网络应用的各种技术在各行各业实施的全方位的改造，为人们展示了一个全新、璀璨的世界。它是基于因特网的一种新的商业模式，其特征是商务活动在因特网上以数字化电子方式完成。

二、主要运用到的信息网络技术

（一）Internet网络技术的运用

虽然Internet技术不是电子商务的专门技术，但开展电子商务要以Internet网络平台为基础，电子商务发展的好坏与Internet网络技术有直接关系，因而Internet网络技术是电子商务相关的关键技术之一。

（二）Web技术的运用

现在，Web浏览技术已经广泛地运用于Internet，并被广大用户接受和使用。Web服务器利用http协议来传递html文件，Web浏览器使用http检索html文件。Web浏览器从Web服务器上获取信息，然后以静态和交互方式呈现在用户眼前。电子商务仍然是一种商务模式，在进行电子商务过程中，需要在商家与客户以及其他相关角色之间交换各种信息，此时就要使用Web浏览技术。

（三）数据库技术的运用

在电子商务交易过程中，涉及商家、商品、客户、物流配送等大量的信息，这些信息都需要储存在数据库中。当前数据库管理系统已发展到相当成熟的阶段，能高效、高质、安全地管理数据。该技术包括数据模型、数据库系统、数据库系统建设、数据仓库、联机分析处理、数据挖掘技术等。

（四）电子支付技术的运用

电子支付是指在网上直接为所购商品付款。电子支付过程中的安全问题解决得好坏直接影响电子支付是否可以顺利进行。银行界普遍使用的有SSL/TLS和SET两种电子支付模式。从技术角度讲，SSL/TLS不是支付协议而是会话层安全协议，用SSL协议进行电子支付是支付的双方利用SSL协议建立一个安全会话通道，在该安全通道中传送支付信息。当数据到达商家的Web站点时，所有信息被解密，是否将这些信息以安全格式存储由商家负责，用户不负责信息安全。SET是以信用卡支付为基础的网上电子支付协议。使用SET协议进行电子支付可以确保接收信用卡的商家和信用卡的持有者都经过认证，是可信赖的。SET协议仅对一些敏感信息加密而对其他信息不加密。

（五）信息安全技术的运用

由于现有计算机系统之间的网络通信大多采用TCP/IP协议，服务器也多为Unix或Windows操作系统，又由于TCP/IP和Unix都是以开放性著称的，易于互联和信息共享的设计思想贯穿于系统的方方面面，在访问控制、用户验证授权、实时、事后审计等安全方面考虑较少，这就给网络使用带来极大的安全隐患。调查表明，很多商家不开展电子商务，很多网民不在网上购物，他们最大的担心是电子商务的安全性问题。

三、信息网络在电子商务应用的实例

（一）广告宣传

电子商务可凭借企业的Web服务器和客户的浏览，在Internet上发布各类商业信息。客户可借助网上的检索工具迅速地找到所需商品信息，而商家可利用网上主页和电子邮件在全球范围内做广告宣传。与以往的各类广告相比，网上的广告成本最为低廉，而给顾客的信息量却最为丰富。

（二）咨询洽谈

电子商务可借助非实时的电子邮件、新闻组和实时的讨论组来了解市场和商品信息、洽谈交易事务，如有进一步的需求，还可用网上的白板会议（white board conference）来交流即时的图形信息。网上的咨询和洽谈能超越人们面对面洽谈的限制，提供多种方便的异地交谈形式。

（三）网上订购

电子商务可借助Web中的邮件交互传送实现网上的订购，网上的订购通常都是在产品介绍的页面上提供十分友好的订购提示信息和订购交互格式框。当客户填完订购单后，通常系统会回复确认信息单来保证订购信息的收悉。订购信息也可采用加密的方式使客户和商家的商业信息不会泄漏。

（四）网上支付

电子商务要成为一个完整的过程，网上支付是重要的环节。客户和商家之间可采用信用卡账号进行支付。在网上直接采用电子支付手段可省略交易中很多人员的开销。网上支付需要更为可靠的信息传输安全性控制以防止欺骗、窃听、冒用等非法行为。

（五）电子账户

网上的支付必须有电子金融来支持，即银行或信用卡公司及保险公司等金融单位要为金融服务提供网上操作的服务。而电子账户管理是其基本的组成部分。

（六）服务传递

对于已付款的客户应将其订购的货物尽快地传递到他们的手中。而有些货物在本地，有些货物在异地，电子邮件将能在网络中进行物流的调配。而最适合在网上直接传递的货物是信息产品。

第二节　电子信息技术在医疗中的应用

一、医疗设备数字化

医疗设备中最具代表性的数字化技术是医学影像数字化技术、电生理参数检测与监护技术、临床检验数字化技术。

医学影像数字化技术主要是指医学影像以数字方式输出，直接利用计算机对影像数据快捷地进行存储、处理、传输和显示。比较成熟的医学影像数字化技术设备有：计算机断层扫描系统（CT）、多层螺旋CT（MSCT）、磁共振成像（MRI）、正电子发射型计算机断层显像（positron emission computed tomography，PECT）、计算机放射摄影（computed radiography，CR）、数字放射摄影（digital radiography，DR）、数字减影血管造影（digital subs traction angiography，DSA）等，为介入治疗、心脏搭桥手术等高科技治疗手段的应用提供了良好的发展平台。医学图像归档和通信系统（picture archiving and communication system，PACS）是数字化医学影像系统的核心构架，是沟通医院影像设备和医生的桥梁，也是未来数字化医院的组成之一。

电生理技术是指以多种形式的能量刺激生物体，测量、记录和分析生物体发生的电现象（生物电）和生物体的电特性的技术。临床检测中的脑电图（EEG）、肌电图（EMG）、脑阻抗血流图（REG）等均是电生理参数检测技术的典型应用。ICU等监护室中的多导生理监护仪、24h动态监护仪、胎儿监护仪、睡眠监护仪等仪器都是电生理监护技术的成熟产品。

二、医疗机构信息化

（一）数字化医院

数字化医院通过宽带网络把数字化医疗设备、数字化医学影像系统和数字化医疗信息系统等全部临床作业过程纳入数字化网络中，实行。它简化、加速了临床流程并实现了临床数据的在线存储和查询。临床信息系统结合医院管理信息系统（HMIS），两者融合在一起就构成了一个完整的数字化医院。

（二）电子病历从技术发展和应用内容上看

电子病历（electronic medical record，EMR）应具备以下几个内涵：

（1）包含了患者的完整信息并能进行共享。

（2）能提供医疗提示和报警。

（3）能提供资料库支持。

电子病历的目标和意义并不在于要取代纸质病历。电子病历技术能带来的核心价值更是实现医疗信息共享。

三、医疗诊断治疗远程化

远程医疗是医疗信息网络化的核心内容，其目标包括建立远程医疗诊断系统、会诊系统、教育系统和以家庭病床为目的的远程病床监护系统。远程医疗系统实际是远程通信技术、医疗保健技术和信息学技术的结合，这三大技术构成了远程医疗的支撑技术。

诊断和治疗一直是医学的核心内容，因此远程诊治实际是远程医疗最重要的功能。可通过远程通信网络，把患者的病理信息传送给医疗中心的医生，医生根据患者的病情给出相应的诊断和治疗意见。其中远程会诊对传输的医学图像的质量要求较高，而远程会诊与远程咨询的主要区别在于前者一般为离线方式，而后者为在线的实时运作。远程监护是通过通信网络将患者端的生理信息和医学信号传送到监护中心进行分析，并给出诊断意见的一种远程医疗模式。

远程手术是指外科医生通过远程医疗通信设备在本地对一个遥远地方的患者进行手术治疗。这种方式可在最短的时间内汇集外科专家共同攻克疑难手术，在一些微创外科手术中用更精密的仪器来代替人工操作以减小手术创伤，在放射性外科手术中对医生的健康加以保护。

第三节　电子信息技术在交通运输中的应用

一、电子信息技术在汽车上的应用

随着电子技术和计算机技术的飞速发展和人们对汽车的要求日益提高，现代汽车正在向电子化、智能化方向发展。目前，汽车上特别是轿车上的电子部件越来越多，基本上占汽车总成本的1/3，甚至更多。电子控制系统已经由局部控制发展到了整车系统控制，以及信息化、智能化、交通控制网络化。汽车信息化、智能化是当今汽车研究的重点，已经成为衡量各国汽车工业发展水平的重要标志。

汽车信息技术的应用是基于全球定位系统（GPS）、地理信息系统（GIS）、移动通信网络以及国际网络传输控制TCP/IP等技术原理，在汽车上轻松实现诸如数据传递、语音通信、目标跟踪、自动报警以及各种公众信息、实用信息的服务功能。智能汽车（intelligent vehicle，IV）是一个集环境感知、规划决策、多等级辅助驾驶等功能于一体的综合系统，它集中地运用了计算机、人工智能与自动控制技术、现代传感技术、信息与通信等技术，它是典型的高新技术的综合体，是目前各国重点发展的智能交通系统中重要的组成部分，也是世界车辆工程领域研究的热点和汽车工业增长的新动力。

（一）汽车电脑

现代汽车是以计算机为控制中心的高度自动化控制。汽车电脑（electronic control unit，ECU）控制系统在硬件结构上一般由三部分组成：外部传感器、汽车电脑和执行机构。汽车电脑主要有输入接口、微处理器和输出接口。

汽车在运行时，各种传感器不断检测并获得汽车运行的工况信息，并将这些信息实时地通过输入接口传送给汽车电脑。汽车电脑接收到这些信息后，根据内部预先编写好的控制程序，进行相应的决策和处理，并通过其输出接口输出控制信号给相应的执行器，执行器接收到控制信号后，执行相应的动作，实现某种预定的功能。

（二）底盘电子控制

电控自动变速器（ECVT）可以根据发动机的载荷、转速、车速、制动器工作状态及驾驶员所控制的各种参数，经过计算机的计算、判断后自动地改变变速杆的位置，从而实现变速器换挡的最佳控制，即可得到最佳挡位和最佳换挡时间。它的优点是加速性能好、灵敏度高、能准确地反映行驶负荷和道路条件等。传动系统的电子控制装置，能自动适应瞬时工况变化，保持发动机以尽可能低的转速工作。

防抱死制动系统（ABS）是一种开发时间最长、推广应用最为迅速的重要的安全性部件。它通过控制防止汽车制动时车轮的抱死来保证车轮与地面达到最佳滑动率，从而使汽车在各种路面上制动时，车轮与地面都能达到纵向的峰值附着系数和较大的侧向附着系数，以保证车辆制动时不发生抱死拖滑、失去转向能力等不安全的工况，提高汽车的操纵稳定性和安全性，缩短制动距离。

（三）电子转向助力系统

电子转向助力系统是用一部直流电机代替传统的液压助力缸，用蓄电池和电动机提供动力。这种微机控制的转向助力系统和传统的液压助力系统比起来具有部件少、体积小、重量轻的特点，具有最优化的转向作用力和转向回正特性，提高了汽车的转向能力和转向响应特性，增加了汽车低速时的机动性以及调整行驶时的稳定性。

（四）常速巡航自动控制系统

在高速长途行驶时，可采用常速巡航自动控制系统（CCS），恒速行驶装置将根据行车阻力自动调整节气门开度，驾驶员不必经常踏油门以调整车速。

（五）发动机电子控制

发动机电子控制的目的是尽可能降低汽车尾气中有害物质的排放量，尽可能改善发动机运行的经济性，尽可能提高发动机的动力性。

（六）车身电子控制

随着高速公路和汽车电子工业的发展，人们对汽车的要求除实现基本代步功能外，还要满足安全、舒适、自动等个性化的要求。车身电子控制技术主要包括：安全气囊、汽车空调、电动座椅、汽车防盗装置、电动门窗等。

（七）防碰撞警告与撞车通告系统

防碰撞警告与撞车通告系统利用雷达、声呐和激光波束扫描潜在的危险与障碍，在汽车即将发生撞车或交通事故时，发出紧急信号，以避免事故的发生。同时它还可以与全球定位系统（GPS）相结合，在发生撞车或交通事故时，给救助机构提供车辆精确位置的信息，使急救中心可以快速到达现场实施救护。

（八）集成安全系统

集成安全系统由几十项技术构成，包括电子设备、微控制器、传感器等技术与产品。集成安全系统可以凭借先进的电子技术和集成技术，研制出适合于汽车驾驶各个环节的安全系统与设备。如安全带预张紧和过张紧装置、帘式头部气囊、自适应能量吸收转向柱、主动膝部保护装置等设备，以提供驾乘人员全面的防护。

（九）网络通信与电子导航系统

网络通信系统可以使驾驶员在眼不离前进方向，手不离方向盘的情况之下，通过便携式电脑和无绳电话接收网络新闻、电子邮件和其他信息，且这些信息可以通过声控语音系统传达给驾驶人员。电子导航系统也称为车载导航系统，它是利用全球定位系统（GPS）的导航功能，帮助驾驶人员在错综复杂的城市道路交通网络中，选择最佳行驶路线，使之快速地到达目的地。

（十）智能感知与预警系统

智能感知与预警系统利用各种传感器信息，以获得对汽车车身、行驶的周围环境和驾驶员本身状态的感知，在必要时发出预警信息。智能感知与预警系统主要包括碰撞预警系统和驾驶员状态监测系统。碰撞预警系统包括前后方碰撞警告、车道偏离警告、盲点警告、换道和并道警告、十字路口警告、步行人的检测与警告等功能，以提高行车安全。

（十一）辅助驾驶与自动驾驶系统

辅助驾驶系统利用智能感知系统的信息进行决策规划，给驾驶员提出驾驶建议或部分代替驾驶员进行车辆控制操作。该系统主要包括巡航控制、车辆跟踪系统、准确泊车系统和精确机动系统。汽车车辆自动驾驶系统由车载计算机全自动地实现车辆操纵，是智能车辆技术的最高层次，目前主要发展应用在拥挤交通状况时低速自动驾驶系统、自主驾驶系统、近距离车辆排队驾驶系统等。

（十二）智能汽车的关键技术

机器视觉技术、雷达技术、磁性导航技术、高精度数字地图和卫星导航技术（GPS）是智能汽车的关键技术，这些技术的发展直接影响汽车智能化的进程。机器视觉技术是智能汽车领域发展最快的技术之一。机器视觉主要用于道路路径的识别和跟踪，与其他传感器相比，机器视觉具有检测信息量大、能够遥测等优点。

（十三）多媒体娱乐与通信系统

随着社会的发展和信息网络时代的到来，人们希望汽车不仅仅是一种代步工具，更希望在汽车是生活及工作范围的一种延伸，在汽车上就像在自己的办公室和家里一样，可以收听广播，打电话，上互联网，处理工作。随着数字技术的进步，汽车也将步入多媒体时代。利用Windows操作系统开发的车载计算机多媒体系统，驾驶员可把行车的目的地输入汽车电脑中，汽车就会沿着最佳行车路线行驶到达目的地。人们可以通过语言识别系统操纵车内的各种设施，一边驾驶汽车，一边欣赏音乐电视，还可上网预定餐厅、机票等。

二、电子信息技术在智能交通系统中的应用

智能交通是一个基于现代电子信息技术面向交通运输的服务系统。它的突出特点是以信息的收集、处理、发布、交换、分析、利用为主线，为交通参与者提供多样性的服务。21世纪将是公路交通智能化的世纪，人们将要采用的智能交通系统，是一种先进的一体化交通综合管理系统。在该系统中，车辆靠自己的智能在道路上自由行驶，公路靠自身的智能将交通流量调整至最佳状态，借助于这个系统，管理人员对道路、车辆的行踪将掌握得一清二楚。

智能交通的应用领域非常广泛。而在我国，智能交通出现最早、应用最多、最常见的领域主要是全球定位系统。全球定位系统（global positioning system，GPS）是在"子午仪卫星导航定位"技术上发展起来的具有全球性、全能性（陆地、海洋、航空与航天）、全天候优势的导航定位、定时、测速系统，由空间卫星系统、地面监控系统和用户接收系统三大子系统构成。

简单地说，全球定位系统是一个由覆盖全球的24颗卫星组成的卫星系统。这个系统可以保证在任意时刻，地球上任意一点都可以同时观测到4颗卫星，以保证卫星可以采集到该观测点的经纬度和高度，以便实现导航、定位、授时等功能。全球定位系统开发的原始目的是为陆、海、空三大领域提供实时、全天候和全球性的导航服务，并用于情报收集、核爆监测、应急通信等一些军事目的。

全球定位系统在汽车导航和交通管理中的应用最为突出。三维导航是全球定位系统的首要功能，飞机、船舶、地面车辆以及步行者都可利用全球定位系统导航接收器进行导航。汽车导航系统是在全球定位系统的基础上发展起来的一门新技术。它所能实现的功能包括以下几方面。

（一）车辆跟踪利用全球定位系统和电子地图可以实时显示出

车辆的实际位置，被任意放大、缩小、还原、换图；可以随目标移动，使目标始终保持在屏幕上；还可实现多窗口、多车辆、多屏幕同时跟踪，利用该功能可对重要车辆和货物进行跟踪运输。

（二）提供出行路线的规划和导航规划出行路线是汽车导航系统的一项重要辅助功能，包括自动线路规划，由驾驶员确定起点和终点，由计算机软件按照要求自动设计最佳行驶路线，包括最快的路线、最简单的路线、通过高速公路路段次数最少的路线等。

（三）信息查询为用户提供主要物标（如旅游景点、宾馆、医院等）数据库，用户能够在电子地图上根据需要进行查询。查询资料可以文字、语言及图像的形式显示，并在电子地图上显示其位置。同时，监测中心可以利用监测控制台对区域内任意目标的所在位置进行查询，车辆信息将以数字形式在控制中心的电子地图上显示出来。

（四）话务指挥中心可以监测区域内车辆的运行状况，对被监控车辆进行合理调度。指挥中心也可随时与被跟踪目标通话，实行管理。

（五）紧急援助通过全球定位系统和监控管理系统可以对遇有险情或

发生事故的车辆进行紧急援助。监控台的电子地图可显示求助信息和报警目标，规划出最优援助方案，并以报警声、光提醒值班人员进行应急处理。

第四节　电子信息技术在工业中的应用

一、工业自动化

工业自动化技术是一种运用控制理论、仪器仪表、计算机和其他信息技术，对工业生产过程实现检测、控制、优化、调度、管理和决策，达到增加产量、提高质量、降低消耗、确保安全等目的综合性高技术，包括工业自动化软件、硬件和系统三大部分。工业自动化技术作为20世纪现代制造领域中最重要的技术之一，主要解决生产效率与一致性问题。无论高速大批量制造企业还是追求灵活、柔性和定制化企业，都必须依靠自动化技术的应用。

自动化系统本身并不直接创造效益，但它对企业生产过程起着明显的提升作用：提高生产过程的安全性，提高生产效率，提高产品质量，减少生产过程的原材料、能源损耗。

在工业自动化领域，传统的控制系统经历了基地式气动仪表控制系统、电动单元组合式模拟仪表控制系统、集中式数字控制系统和集散控制系统（DCS）的发展历程。近年来，随着控制技术、计算机技术、通信技术、网络技术等的发展，信息交互沟通的领域正迅速覆盖从工厂的现场设备层到控制、管理各个层次。工业控制机系统一般是指对工业生产过程及其机电设备、工艺装备进行测量与控制的自动化技术工具（包括自动测量仪表、控制装置）的总称。现在对自动化最简单的理解也转变为：用广义的机器（包括计算机）来部分代替或完全取代或超越人的体力。

工业自动化系统通常分为五级：企业管理级、生产管理级、过程控制级、设备控制级和检测驱动级。前两级管理级涉及的高新技术主要是计算机技术、软件技术、网络技术和信息技术；过程控制级涉及的高新技术主要是智能控制技术和工程方法；设备控制级和检测驱动级涉及的高新技术主要是三电一体化技术、现场总线技术和新器件交流数字调速技术。也可将上述5级分层归纳为：企业管理决策系统层（ERP）、生产执行系统层（MES）和过程控制系统层（PCS）三层结构以及计算机支撑系统（企业网络、数据库），并实现系统集成，从而实现企业的物流、资金流、信息流的集成，提高企业竞争力。

二、智能电网

智能电网是经济和技术发展的必然结果，具体是指利用先进的技术提高电力系统在能源转换效率、电能利用率、供电质量和可靠性等方面的性能。智能电网的基础是分布式数据传输、计算和控制技术以及多个供电单元之间数据和控制命令的有效传输技术。

针对智能电网技术，西方国家已经形成强大的研究群体，研究内容覆盖发电、输电、配电、售电等环节，许多电力企业也在如火如荼地开展智能电网建设实践，通过技术与具体业务的有效结合，使智能电网建设在企业生产经营过程中切实发挥作用，最终达到提高运营绩效的目的。在宏观政策层面，电力行业需要满足建设资源节约型和环境友好型社会的要求；在市场化改革层面，电能交易手段与定价方式正在改变，市场供需双方的互动将越来越频繁，电网必须能够灵活地支持各种电能交易。

智能电网的特点如下：

（一）智能电网是自愈电网

自愈指的是把电网中有问题的元件从系统中隔离出来，并且在很少或不用人为干预的情况下，可以使系统迅速恢复到正常运行状态，从而几乎不中断对用户的供电服务。从本质上讲，自愈就是智能电网的免疫系统。这是智能电网最重要的特征。

（二）智能电网激励和包容用户

在智能电网中，用户将是电力系统不可分割的一部分。鼓励和促进用户参与电力系统的运行和管理是智能电网的另一个重要特征。从智能电网的角度来看，用户的需求完全是另一种可管理的资源，它有助于平衡供求关系，确保系统的可靠性。从用户的角度来看，电力消费是一种经济的选择，通过参与电网的运行和管理，修正其使用和购买电力的方式，从而获得实实在在的好处。

（三）智能电网具有抵御攻击的能力

电网安全性的全系统解决方案，旨在增强电网的抗攻击能力。电网经常受到物理攻击和网络攻击，电网安全性的全系统解决方案要求电网能够从供电中断故障中快速恢复供电。智能电网将展示被攻击后快速恢复的能力，甚至是对那些决心坚定和装备精良的攻击者发起反击。

电网安全性的全系统解决方案使智能电网的设计和运行具有阻止攻击的能力，最大限度地降低损失和快速恢复供电服务。智能电网也能同时承受对电力系统几个部分的攻击和在一段时间内多重协调的攻击。

智能电网的安全策略包含威慑、预防、检测和反应，旨在尽量减少和减轻对电网的影响。面对重大威胁信息，不管是物理攻击还是网络攻击，智能电网都能通过加强电力企业与政府之间的密切沟通，在电网规划中强调安全风险，加强网络安全，提高智能电网抵御风险的能力。

（四）智能电网提供满足21世纪用户需求的电能质量

电能质量指标包括电压偏移、频率偏移、三相平衡、谐波、闪变、电压骤降和骤升等。用电设备的数字化对电能质量越来越敏感，电能质量问题可以导致生产线的停产，对社会经济发展造成重大的损失。因此提供能满足21世纪用户需求的电能质量，是智能电网的又一个重要特征。

智能电网将以不同的价格水平提供不同等级的电能质量，以满足用户对不同电能质量水平的需求，同时要将优质优价写入电力服务的合同中。智能电网将减轻来自输电和配电系统中的电能质量事件。通过先进的电网监控系统，快速诊断并准确地提出解决任何电能质量事件的方案。

（五）智能电网容许各种不同类型发电和储能系统接入

智能电网将安全、无缝地容许各种不同类型的发电和储能系统接入系统，简化联网的过程，类似于即插即用，这个特征对电网提出了严峻的挑战。改进的互联标准将使各种各样的发电和储能系统容易接入。各种不同容量的发电和储能在所有的电压等级上都可以互联，包括分布式电源（如光伏发电、风电、先进的电池系统、即插式混合动力汽车和燃料电池）。

商业用户安装自己的发电设备（包括高效热电联产装置）和电力储能设

施将变得更加容易和更加有利可图。在智能电网中，大型集中式发电厂（包括环境友好型电源，如风电、大型太阳能电厂和先进的核电厂）将继续发挥重要的作用。

（六）智能电网会促使电力市场蓬勃发展

在智能电网中，先进的设备和广泛的通信系统在每个时间段内支持市场的运作，并为市场参与者提供了充分的数据，因此电力市场的基础设施及其技术支持系统是电力市场蓬勃发展的关键因素。

智能电网通过市场上供给和需求的互动，可以最有效地管理诸如能源、容量、容量变化率、潮流阻塞等参量，降低潮流阻塞，扩大市场，汇集更多的买家和卖家。用户通过实时报价来感受价格的增长从而降低电力需求，推动成本更低的解决方案以及新技术的开发，新型洁净的能源产品也将给市场提供更多选择的机会。

（七）智能电网使运行更加高效

智能电网优化调整其电网资产的管理和运行，以实现用最低的成本提供所期望的功能。这并不意味着资产将被连续不断地用到极限，而是有效地管理需要什么资产以及何时需要，每个资产将和所有其他资产进行很好的整合，以最大限度地发挥其功能，同时降低成本。

智能电网将应用最新技术以优化其资产的应用。例如通过动态评估技术使资产发挥其最佳的能力，通过连续不断的监测和评价其能力，使资产能够在更大的负荷下使用。

（八）智能电网高速通信在线监测

智能电网通过高速通信网络实现对运行设备的在线状态监测，以获取设备的运行状态信息，在最恰当的时间给出需要维修设备的信号，实现设备的状态检修，同时使设备运行在最佳状态。系统的控制装置可以被调整到降低损耗和消除阻塞的状态。通过对系统控制装置的调整，选择最低成本的能源输送系统，可以提高运行效率。最佳的容量、最佳的状态和最佳的运行将降低电网运行的费用。

第五节　电子信息技术在农业现代化中的应用

一、电子信息技术在农业机械化中的应用

近年来，农业机械装备正迅速地吸收和应用电子信息科技。我国农业还处于逐步推进实现基本农业机械化的发展阶段，为了提高我国大中型农业装备产品在国际市场上的竞争力，需要科研与技术人员在学习和研究发达国家先进经验的基础之上，加速推进高新技术在规模化农业和农业机械化服务产业中的应用，以实现我国农业机械电子信息化技术的跨越式发展。

电子信息技术在农业机械装备中应用的发展趋势，代表着农业机械化技术发展中新的里程碑。电子信息技术使一些农业装置具有智能化的特征，使系统各控制单元间可相互通信，促进了支持基于信息和知识的精细农业应用的智能化变量作业农业机械的研究与开发。

（一）电子信息技术应用于农业机械的作用

迄今，电子信息技术用于农业机械装备上的技术创新，可概括为以下几个方面：

（1）提高机械作业的技术性能，包括过程监视、控制、诊断和通信。

（2）实现节本增效和环境友好的农作，可节约化肥、农药、水资源和燃料消耗，降低作业成本；有利于保护生态环境，减少土壤、水体、动植物所遭受的污染。

（3）实现过程的精确操作，及时获取过程信息，使农业机械操作能精确执行过程控制指令。

（4）改善劳动者的操作条件，良好的人机接口，操作方便、安全、舒适。

（5）发展基于卫星定位系统的农机作业田间导航、定位变量作业的智能控制农业机械，实现农场管理信息系统与田间移动作业机械间的无线通信与机群调度，支持农田作业的科学管理决策等。

（二）智能化农业机械的发展方向

智能化农业机械需要有不同类型的采集传感器、适于农业机械工作环境和结构设计的控制执行器、高性能的电子控制器和相应的软件支持，需要建立拖拉机及其他农业机械各部件电子控制单元间的通信、接口设计标准。这些都需要机械、电子、信息管理等多种学科的集成支持。

1. 农业机械电子化正向网络化、智能化、分布式控制技术方向发展

一台大型复杂农业机械，已装置了若干个标准的电子控制单元，它实际上已是一个带有独立处理信息与控制功能的计算机智能控制终端。机器的若干重要部件采用了独立的带微处理器的电子控制单元，由设置于驾驶室带液晶显示的用户总线虚拟仪器终端控制器进行作业工况的显示和输入控制指令。机组上所有独立的电子控制设备均具有标准的输入/输出接口，挂接到标准总线上按规定协议进行通信和控制。总线上还留有插接端口，可与外部计算机连接，对总线系统设备进行诊断或实施系统扩展。农业机械机组的电子控制单元，正在由早期的专用控制器设计向通用控制器方向发展。

2. 农业机械间的总线通信技术

各种农业机械上所应用的智能化电子控制单元的发展，使其接口的通用化、标准化设计变得日益重要。通常都是在拖拉机和联合收割机的驾驶室内，安装可以和不同机型配套的通用型智能显示终端。各种机器部件或不同形式的农业机械电子控制单元（ECU）被设计成具有与总线挂接的标准接口，使得机组上各个相对独立的电子控制单元间均可与中央控制器及显示单元交换信息，接受控制指令，也可在各个农机具或部件的电子控制单元之间传输和交换数据信息，实现拖拉机与农机具间、农机具相互间和拖拉机中央控制器与农场计算机之间的串行通信。

3. 人机接口技术

农业机械在作业中，都需要人来操纵和控制。传统驾驶室中的仪表盘正迅速由电子监视仪表取代并逐步由单一参数显示方式向智能化信息显示终端过渡，从而大大改善了人机交互界面。虚拟化仪器显示终端可在屏幕上按操作者的需求，通过屏幕任意选择显示机组中不同部分的终端信息，调用数据库信息，显示数据、图形、语音等多媒体信息。并可将数据信息动态存入信

用卡尺寸大小的高密度智能化数据存储卡，将田间记录的数据信息通过智能卡带回办公室，由计算机应用高级软件进行处理。也可以将管理者的决策和操作指令通过智能卡传送到农业机械上的智能控制终端，自动控制农业机械的操作。

4. 农业机械化中的机群调度与管理决策支持技术

欧洲一些大农场，已开始建立和使用农场办公室计算机与移动作业机械间通过无线通信进行数据交换的管理信息系统。这可以使农场管理调度中心计算机直接调用各个田间作业机械智能终端存储的作业数据，存入农场计算机的数据库中。由于农场计算机具有比移动作业机械强大得多的信息存储、处理功能，具有专家知识库和管理决策支持系统，通过计算机处理后，制定详细的农事操作方案和导航作业计划后，通过无线通信数据链路传回到田间移动作业机械。机械发生故障时，操作者也可调用具有强大分析功能的办公室计算机诊断处理程序。现代通信技术革命的成果，已开始应用于农业机械化作业的远程管理中。

二、电子信息技术在农业信息化中的应用

（一）农业信息化概述

农业信息化是指在农业领域充分利用信息技术的方法、手段和最新成果的过程。具体讲，农业信息化就是在农业生产、流通、消费以及农村经济、社会、技术等各环节全面运用现代信息技术和智能工具，实现农业生产经营、农产品营销、农产品消费的科学化和智能化过程。

农业信息技术是现代信息技术和农业产业相结合的产物，是计算机、信息存储与处理、通信、网络、人工智能、多媒体、全球定位、地理信息系统等技术在农业领域移植、消化、吸收和集成的结果，是系统、高效地开发和利用农业信息资源的有效手段。

农业信息化的作用是，推动传统农业向现代农业转化，对农业可持续发展具有重要作用，对农业生产和农业经济发展具有重要作用，增强农业生产管理的科学化，提高市场竞争能力，减少经营风险，有利于农业新技术的研究和推广，提升农村综合信息服务能力。

农业信息技术是以传感、通信和计算机技术为主，实现农业生产活动有关的信息采集、数据处理、判译分析、存储、传输和应用为一体的集成农业技术。其包括农业数据库技术、农业信息管理技术、农业专家系统、农业决策支持系统、农业模拟模型技术（作物生理生态模型、虚拟植物模型）、精确农业、"3S"技术和农业虚拟技术。

农业物流信息技术包括计算机网络技术、数据库技术、数据挖掘技术、条形码与射频技术、电子数据交换、地理信息系统、全球定位技术等，形成了农产品以移动通信、资源管理、监控调度管理、自动化仓库管理、业务管理、客户管理、财务管理等多种业务集成的一体化的现代农业物流信息系统。

信息采集技术是以遥感系统、全球定位系统、地理信息系统、地面自动化实测技术对农业生产过程中的各种农业信息实时采集。信息传输技术以通信技术、地理信息系统技术等将采集到的各种农业信息，通过接口，高速度、高质量、准确及时、安全可靠地实时传输至农业信息系统，实现农业信息系统资料的及时更新。信息处理技术以数据处理技术、模拟模型技术、虚拟现实技术和地理信息系统技术等对农业信息按利用目的的需求进行处理分析，给出指导农业经营和生产的有用信息，为农业发展提供咨询服务和决策支持。信息管理技术以计算机网络技术为基础，充分利用数据库管理技术、地理信息系统技术对农业资料、图像、文档等信息进行统一管理，并实现信息资源共享。信息服务技术以多种服务方式，将农业信息产品快速、准确地服务于用户。信息应用技术根据农业生产活动和环境资源信息处理结果，利用控制技术实时确定农业生产管理控制，通过智能化的农业机具及设备控制具体实施。

（二）现代农业信息技术应用

1. 农业数据库

农业数据库就是一个装载数据的"仓库"。数据库是经过加工集成的数据，它是为最终用户进行分析处理而专门设计的。农业数据库系统包含的内容非常多，例如农业气候数据库、土壤信息数据库、农作物品种资源数据库、农业技术信息数据库、农产品及农业生产资料市场信息数据库等。

2. 农业管理信息系统

农业管理信息系统（agricultural management information system，AMIS）是一般管理信息系统在农业中的应用，其概念和含义无本质差异。农业管理信息系统的功能有：

（1）信息管理功能，收集、管理农村经济信息，完成日常的农村经济管理工作等。

（2）自诊断功能，主要对农村经济信息进行深度加工，为决策者提供科学依据。

（3）开发功能，为实现农村经济管理的总体目标，信息系统应具备相应的手段。

（4）输出功能，为用户提供有效信息的输出，为区域研究、规划和决策提供各种类型的工作资料。

3. 农业专家系统

专家系统就是指具有与人类专家同等解决问题能力的智能程序系统。农业专家系统是一个具有大量农业专家知识与经验的计算机程序系统，它应用人工智能技术，根据一个或多个农业专家提供的特殊领域知识、经验进行推理和判断，像人类专家那样解决农业中复杂问题并进行决策。

农业专家系统的功能有：

（1）存储解决农业生产问题所需的知识。

（2）存储解决具体农业生产问题的原始数据和推理过程中涉及的各种信息、目标、假设等。

（3）根据当前输入的数据、结论或系统自身行为做出必要的解释。

（4）能够对推理过程、结论或系统自身行为做出必要的解释。

（5）提供知识获取、机器学习以及知识库的修改、扩充、完善等维护手段。

（6）提供一种用户接口，便于用户使用，分析和理解用户的各种要求和请求。

农业专家系统应用下列领域：育种管理、灌溉管理、施肥管理、作物栽培管理、植物保护、水产养殖等。

4. 农业决策支持系统

决策支持系统（decision support system，DSS）是利用知识和数学模型，通过计算机分析或模拟，协助解决多样化和不确定性问题（如对计划、管理、调度、作战指挥、方案寻优等应用问题）进行辅助决策的计算机程序系统。

决策支持系统的功能有：

（1）决策目标、参数和概率的规定。

（2）数据检索和管理。

（3）决策方案的生成。

（4）决策方案后果的推理。

（5）方案后果的评价。

（6）决策的解释和执行。

（7）战略构成。

决策支持系统的典型结构一般包括交互语言系统、问题求解系统以及数据库、模型库、方法库、知识库管理系统组成。

5. 农业虚拟技术

农业虚拟技术利用计算机虚拟现实技术、仿真技术、多媒体技术建立数学模型定量而系统地描述作物生长发育、器官建成、产量形成等生理生态过程与环境之间相互作用的数量关系，在此基础上，设计出虚拟作物、畜禽，从遗传学角度定向培育农作物，改变传统的育种和科研方式。虚拟农业主要由农业现实数据采集、3D作物模拟、作物传感器、专家系统与模型和人共五部分组成。

6. 精确农业与"3S"技术

精确农业是指利用全球定位系统（GPS）、地理信息系统（GIS），连续数据采集传感器（CDS）、遥感（RS）、变率处理设备（VRT）、决策支持系统（DSS）等现代高新技术，与农学、土壤、植物保护等学科相结合，获取农田小区作物产量和影响作物生长环境因素、实际存在的空间及时间差异性信息，分析影响小区产量差异的原因，并采取技术上可行、经济上有效的调控措施，区分对待不同农田小区，按需实施定位调控的"处方农业"。精确农业能够在提高经济效益的同时实现对环境的保护。

精确农业的核心理论是基于田区差异的变量投入和最大的收益、最小的环境危害。

精确农业有三个精确：

（1）定位精确，即精确地确定灌溉、施肥、杀虫等的地点。

（2）定量精确，即精确地确定水、农药、肥、种子等的施用量。

（3）定时精确，即精确地确定各种农艺措施实施的时间。

精确农业的技术体系为：地理信息系统、遥感技术、全球定位技术、决策支持技术、变量投入技术。

三、电子信息技术在新农村建设中的应用

建设"生产发展，生活宽裕，乡风文明，村容整洁，管理民主"的社会主义新农村是我国现代化进程中的重大历史任务，任务的关键是提高农村的生产力水平。而拓展农村的信息渠道，加快农业科技的发展是发展生产力的核心。

面对这样的新形势，信息技术将发挥它的强大作用。网络的普及性、便利性和资源共享性使跨行业交流、跨区域合作、跨领域研究更为便捷。计算机软件的灵活性、强大的数据采集功能和大容量的数据库使科技资源的整合更快速、更准确、更全面。网络的传播性使科技成果推广更迅速。可以说，信息技术的加入加快了现代农业产业技术体系的建设，缩短了技术成果从科研到应用的周期。

目前，农村各项管理系统还没有实现完全自动化和网络化。如果能够建立一个网络平台，将农村的人口、财务、村务、党务、政务、资源、社会事务等数据信息进行统计上网，将国家政策、通知公告、资源调配等消息上网公布，这样既有利于管理部门的统一管理，又做到了党政信息的公开透明。同时，联系气象、农业科学站、医疗机构、供电系统、信用合作社、农产品销售团体等机构，将有关信息发布到网上，从而使农民及时掌握第一手资料。这样的一个综合事务管理平台将现代化信息技术引入农村管理，将为社会主义新农村建设提供创新与发展的依据，并且这样的网络平台是能够

实现的。

面对我国农业网络时代的到来，农业电子商务网站建设应该把网站的建设目标定位在从事与农业有关的企业、广大农村市场和农村家庭以及农业技术推广人员身上。我国已建立了多家农业相关的网络网站，包括政府、科研院所、科技出版、农业信息商务活动等，企业网站占一半左右，县级以上政府部门主办的农业网站有多家，集中在江苏、广东、河北等省份，科研院所网站和商务类综合网站也各有多家。

第六节 电子信息技术发展趋势

一、微电子技术发展趋势

在所有关键技术中，集成电路制造技术又是电子信息硬件产品的核心。集成电路的应用范围十分广泛，从计算机的中央处理单元（CPU）到各种IC卡，都需要运用集成电路。微电子技术已经走过了大规模（LSI）、超大规模（VLSI）、甚大规模（ULSI）集成时代，进入极大规模（SLSI）集成时代。作为高科技代表的集成电路技术对世界经济的发展有着举足轻重的作用。集成电路产品的发展趋势是芯片面积越来越大，集成度越来越高，特征尺寸越来越小，片上系统日益完善。自20世纪90年代中期以后，125 mm以下的硅片使用量逐渐减少，150 mm硅片使用量增长缓慢，200 mm硅片使用量逐年上升而成为主流，300 mm硅片呼之欲出，400 mm以上的硅片设计思路已经形成。

微电子技术的加速发展导致芯片的运算能力及性能价格比继续按摩尔定律增长，从而带动软件、通信等信息技术的应用达到前所未有的发展水平。目前集成电路芯片存储器容量平均每18个月就要翻一番，集成度的演变速度从3年4倍提高到2年4倍。从特征尺寸看，0.35的动态随机存取存储器（DRAM）正在规模生产，并正在向采用0.25 mm、0.18 mm（IGDRAM）深亚微米工艺过渡。256MDRAM也已进入批量生产，0.15技术的4GDRAM样品已研制成功。

系统集成是21世纪初微电子技术发展的重点。在需求牵引和技术推动的双重作用下，已经出现了将整个系统集成在一块或几块微电子芯片上的集成系统或系统集成芯片（SOC）。目前已经可以在一块芯片上集成108～109个晶体管。系统集成是微电子设计领域的一场革命，21世纪将是其真正快速发展的时期。未来10年内，集成电路仍将以硅基CMOS电路为主流工艺，其主要发展趋势是加工细微化，硅片大直径化。

二、计算机技术发展趋势

计算机技术包括计算（网络计算、移动计算、并行计算等）技术、PC机、服务器及其外部设备设计开发技术、多媒体技术、人工智能技术等。

并行处理技术将继续迅速发展，计算机性能平均每两年提高一个数量级。中央处理单元（CPU）将由32位向64位过渡；产品结构从以计算机为核心转向以因特网网络设备为核心；存储设备在系统中的比重越来越大，存储技术向海量存储方向发展；多媒体技术将使计算机、通信、家电融为一体，DVD光驱正取代CI>ROM，语言和手写识别技术以及数字图像交互技术已走向实用化，多媒体技术在微机中得到普遍运用；电脑将更加个性化和拟人化。

网络技术包括网络通信技术、网络安全技术和网络服务技术。目前，网络技术正向多业务、高性能、大容量的方向发展。IP业务呈爆炸式增长态势，宽带综合业务数字网（B4SDN）、超高速因特网将成为未来网络技术发展的重点。第二代融合数据、语音和影像的多元Internet网络即将取代第一代Internet单一数据网络，采用密集波分多路复用技术（DWDM）的光通信网络技术将极大降低网络传输成本，向用户提供无限带宽，实现多媒体实时通信成为可能。网络多媒体通信的主要任务就是在同一网络上实现所有媒体成分数据的有效传输。与传统的数据通信不同，多媒体通信包含多种成分数据。多媒体数据通信期间的巨大流量和连续媒体的实时性要求，使快速而有效的数据转发机制成为多媒体通信系统（MCS）中不可或缺的重要环节。

随着数字化进程的日益加深，人们的家居生活越来越明显地印上了"网络"的烙印，最突出的表现就是，家用电器开始走向数字化、网络化。微软、Intel、AOL等先后宣布支持基于互动电视的网络应用，这标志着基于信息家、用电器的网络生活已成为世界性的潮流。与传统信息（IT）或家用电器产品相比，信息家用电器往往集电脑、电信和消费类电子产品的特征于一身，使家用电器具有了信息获取、加工、传递等众多功能，并往往在家庭中扮演着"家庭信息娱乐中心"的角色。

三、通信技术发展趋势

通信技术包括卫星、光纤传输技术、移动通信技术、数字微波技术、有线与无线接入技术等。低轨道卫星通信已经实用化。光纤传输技术使传输速度每3~4个月翻一番，传递活动画面的通信业务已经实现。移动通信技术发展迅速，GSM、CDMA数字移动通信已全面取代模拟移动通信，第三代移动通信已成熟，第四代移动通信也已推向市场。数字微波通信系统由准同步数字系列（PDH）全面转向同步数字系列（SDH）。宽带接入技术发展迅速，光纤主干网站接入带宽已超过G级，Internet无线接入技术和蓝牙技术日臻成熟。IP电话向电信业务的渗透，使传统电信技术与IP技术融合速度进一步加快，包交换、DWDM光传输、IP选路和Web应用已成为下一代宽带网必须考虑的4大要素，ATM技术将与IP技术相互结合、扬长补短。

四、软件技术发展趋势

软件技术网络化、智能化，软件无线互联技术实用化，软件复用和软件构件技术作为未来软件开发的发展方向，将引起软件产业的深刻变革。软件技术向网络化发展，分布计算、网络和互联网相关的软件技术、Linux及自由软件成为软件领域的主要技术热点。由于软件和芯片设计相互融合和渗透，使得软件技术的发展将把高速处理器、大容量存储器、高速光通道和先进的人机自然交互充分结合和利用起来，使网络高速智能化。软件无线互联技术趋于实用，无线互联技术已经成熟，并且形成了WAP（无线接入协议）标准，开始进入大规模商业应用，从而使移动设备、移动计算设备接入互联网成为可能，这将大大推动PDA、笔记本电脑、手机、车载信息设备的发展，使网络的接入终端设备更加多样化。

五、存储显示技术发展趋势

显示技术向大屏幕、平板方向发展，新型显示器件正成为国际新兴产业，在电子信息产业中的地位日益重要。

OLED成下一代显示技术，随着电视产品作为家庭娱乐中心地位的逐渐回归，更大屏幕逼真3D、智能互动等体验得到越来越多消费者的青睐。而作为市场新宠的4K技术，更是通过分辨率以及画质的全面提升，激发观看者的真实感及临场体验感，达成家庭娱乐的高品质影像感受。超大屏幕超高清3D电视，通过引入全新智能功能，为消费者提供了更加便利的互动体验，分辨率是现有全高清电视分辨率的4倍。

未来显示技术更倾向于高画质及环保表现。OLED显示技术凭借高对比度、色彩丰富、无视角限制、超薄、节能等得天独厚的优势，被广泛认可为下一代显示技术，成为各大厂商积极布局的对象。

随着人们对存储技术要求的提高，存储技术也取得了相应的发展：存储系统的升级和自动化程度也在不断提高。

存储虚拟化是云存储的先行准备阶段。随着企业对存储需求的不断增大，存储虚拟化得以快速普及。云存储发展得越来越成熟，云服务供应商也对这方面表现出浓厚的兴趣。运营成本（OPEX）代替投资成本（CAPEX）已经成为不争的事实。云交付模式具有非常大的灵活性和可伸缩性，可以灵活调整工作量。不过尽管如此，云存储在普及的过程中依然会遇到各种各样的障碍，信息（IT）服务供应商必须做好思想准备。

价格不菲的闪存技术的主要优势在于其IOPS（每秒输入/输出操作）性能良好。随着闪存技术价格的下降，企业计算中心未来也将用固态硬盘（SSD）取代基于传统硬盘的存储媒介。SSD闪存技术对于自动分层存储技术（automated storage tiering，AST）的发展起着至关重要的作用。通过为储存的数据自动分层，例如把经常使用的数据分层存放，可以让用户迅速读取经常使用的数据，产生良好的用户体验。通过实时数据转移，储存系统的使用效率可以得到提高，而且使用费用也可以降低。

参考文献

[1]荣传振.电子信息基础原理设计与仿真[M].南京：南京东南大学出版社,2021.

[2]隋晓红,张小清,白玉.通信原理[M].北京：机械工业出版社,2021.

[3]高治军,王鑫,徐启程.通信原理基础教程[M].北京：清华大学出版社,2021.

[4]刘胜.自动控制原理[M].3版.武汉：华中科学技术大学出版社,2021.

[5]李莉,王春悦,叶茵.通信原理[M].北京：机械工业出版社,2020.

[6]司莉,曾粤亮,陈辰.信息组织原理与方法[M].2版.武汉：武汉大学出版社,2020.

[7]梁青阳.综合航空电子系统原理[M].北京：航空工业出版社,2020.

[8]常硕.航空信息设备原理[M].北京：航空工业出版社,2020.

[9]马海武.通信原理[M].3版.北京：北京邮电大学出版社,2020.

[10]黄松,胡薇,殷小贡.电子工艺基础与实训[M].武汉：华中科学技术大学出版社,2020.

[11]石硕,顾术实.信息理论与编码技术[M].哈尔滨：哈尔滨工业大学出版社,2020.

[12]陈凌霄.电子电路测量与设计实验[M].2版.北京：北京邮电大学出版社,2020.

[13]赵雅琴,侯成宇,陈浩.通信电子线路[M].2版.哈尔滨：哈尔滨工业大学出版社,2020.

[14]赵景波.单片机原理及应用[M].西安：西安电子科技大学出版社,2020.

[15]王仕璠.信息光学理论与应用[M].4版.北京：北京邮电大学出版社,

2020.

[16]高媛媛，魏以民，郭明喜.通信原理[M].3版.北京：机械工业出版社，2020.

[17]侯煜冠.信息对抗技术原理与应用[M].哈尔滨：哈尔滨工业大学出版社，2019.

[18]张建强，赵颖娟，王聪敏.电子电路设计与实践[M].西安：西安电子科技大学出版社，2019.

[19]杨德麟.测绘地理信息原理、方法及应用[M].北京：测绘出版社，2019.

[20]程知群，陈瑾.通信电子线路[M].西安：西安电子科技大学出版社，2019.

[21]张卫丰.电子产品开发与制作[M].西安：西安电子科技大学出版社，2019.

[22]黄葆华.通信原理[M].3版.西安：西安电子科技大学出版社，2019.

[23]华杰.新时期电子信息原理与技术探索[M].长春：吉林大学出版社，2018.

[24]王耀琦.单片机原理与应用[M].北京：科学出版社，2018.

[25]李希文，李智奇.电子测量技术及应用[M].西安：西安电子科技大学出版社，2018.

[26]沈美娥.计算机组成原理[M].北京：北京理工大学出版社，2018.

[27]徐杰，祁红岩，杜艳秋.电子测量技术与应用[M].2版.哈尔滨：哈尔滨工业大学出版社，2018.

[28]杨现德，王锋，张新廷.电子技术[M].北京：北京理工大学出版社，2018.

[29]张卫钢.通信原理与通信技术[M].4版.西安：西安电子科技大学出版社，2018.

[30]宋鹏，齐建中，王乐.信息论与编码[M].西安：西安电子科技大学出版社，2018.